A Evolução do Pensamento
Frente à Percepção da Natureza

A Evolução do Pensamento Frente à Percepção da Natureza

Emiliano Utermohl de Queiroz

Jorge R. Marinho

©2013 Emiliano Utermohl de Queiroz
Direitos desta edição adquiridos pela Paco Editorial. Nenhuma parte desta obra pode ser apropriada e estocada em sistema de banco de dados ou processo similar, em qualquer forma ou meio, seja eletrônico, de fotocópia, gravação, etc., sem a permissão da editora e/ou autor.

Q32 Queiroz, Emiliano Utermohl de
A Evolução do Pensamento Frente à Percepção da Natureza/ Emiliano Utermohl de Queiroz. Jundiaí, Paco Editorial: 2013.

88 p. Inclui bibliografia. Inclui imagens.

ISBN: 978-85-8148-216-3

1. Epistemologia 2. Ecologia 3. Biodiversidade 4. Origem da vida. I. Queiroz, Emiliano Uthermohl

---

CDD: 121

Índices para catálogo sistemático:

Conhecimento. Origem. Limite. Epistemologia	
Epistemologia – Teoria Do Conhecimento	121
Ecologia Humana E Comunidade	301.3
Doutrinas E Sistemas Filosóficos	140

IMPRESSO NO BRASIL
PRINTED IN BRAZIL
Foi feito Depósito Legal

Av. Carlos Salles Block, 658
Ed. Altos do Anhangabaú, 2º Andar, Sala 21
Anhangabaú - Jundiaí-SP - 13208-100
11 4521-6315 | 2449-0740
contato@editorialpaco.com.br

Dedico aos amigos que fiz e que farei, que comigo se envolveram em algum momento, para acrescentar à composição do que agora sou.

Aos meus pais.

À minha avó e à minha oma pela providência e amor e toda a família Utermohl e Queiroz.

Aos meus professores de academia mais queridos.

À minha esposa Lara e à família Tolio (Adelar, Ana, Lucas, Luiz e Rodrigo), aos amigos Alan Bresolin, Bada, Cassio dos Anjos, Nicolas DallAgnol, Rafael Gruber, Renan Sandri do Prado, Ricardo Webber Paim, Daniel Galiano, Grazi Brun, Tarso Rodio, Luiz Antonio T. Faraoni, Leomar Fernando Mattia, Cicero Neto, Beatriz, Mirele, André Blaszczak e Franciele Fath.

Nós, agora, somos um quadro pintado
por um passado de muitos artistas.

Sumário

Capítulo 1
Da Pesquisa e da Natureza..................13
Panorama..................15

Capítulo 2
A Mitologia Grega..................19

Capítulo 3
A Tradição Cristã..................25
Sobre o Mito do Dilúvio e a Arca..................30
A Torre de Babel..................34

Capítulo 4
A Racionalização Metafísica Clássica..................39
Empédocles sobre a Origem das Espécies..................42
Platão e a Degeneração das Espécies..................47

Capítulo 5
Tomás de Aquino e a Qualidade das Espécies..................53

Capítulo 6
Organismos Mecânicos e a Razão..................59

Capítulo 7
As Palavras de Okute sobre o Lar..................69

Capítulo 8
Darwin Materialista..................75

Capítulo final
A Ilimitada Natureza Contemporânea..................81

Referências..................85

Lista de Figuras e Gráficos

Figura 1. *A prisão de Prometeu*, obra de Jacob Jordaens................19
Figura 2. *A Criação*, pintura de Michelangelo............................25
Figura 3. *A Torre de Babel* de Pieter Brueghel........................34
Figura 4. *A Escola de Atenas*, obra de Rafaello Sanzio..................39
Figura 5. Anaximandro de Mileto no detalhe da obra *A Escola de Atenas*, de Rafaello Sanzio...40
Figura 6. Platão e Aristóteles no detalhe da obra *A Escola de Atenas*, de Rafaello Sanzio..47
Figura 7. *Tomás de Aquino*, obra de Velázquez............................53
Figura 8. *Portret van René Descartes*, por Frans Hals....................59
Figura 9. *Charles Darwin*, retrato de Julia Margaret Cameron....77

Capítulo 1

Da pesquisa e da Natureza

Como iniciar um diálogo com Darwin e quiçá ponderar sobre a especiação?

Como tocar a essência das questões de Aristóteles e, limitado aos métodos seus, lhe convencer de uma nova verdade?

As mudanças de paradigma são a busca do cientista, afinal, que pesquisador procura algo, que não a verdade escondida entre as várias e contraditórias leis que em algum momento afloram e tornam-se leis?

Todas as analogias são proporcionadas pelo olhar sensível do homem, então essa sensibilidade é tão aguçada que não suporta uma verdade imutável. É o que acontece quando o olhar e todos os sentidos da humanidade estão voltados para a descoberta.

Isso quer dizer que as verdades escondidas não emergem de verdades menores, mas, sim que todas estão no mesmo patamar, no mesmo nível histórico da análise humana.

E que homem não haveria de interessar-se quando a luz do mundo vivo lhe atingiu os olhos? Quando tudo o que é animado e inanimado implorou-lhe atenção?

Daí surgem as mais inconcebíveis (aos olhos da ciência atual, para citar um exemplo de mudança de paradigma) teorias, a fim de revolucionar e modificar a forma com que a sociedade vê a realidade. Então por que filosofar e buscar as origens das ideias em torno da diversidade biológica se o próprio dicionário nos dá uma explicação razoável da palavra biodiversidade?

Talvez porque não é próprio dos homens acreditarem em fatos descritos por outrem, sem que ao menos nos valhamos de uma mínima análise sobre tal, feita como agente e não como paciente.

Desse modo, a sociedade caminha trôpega pelo mesmo caminho tantas vezes já percorrido por outras gerações, mas sempre pronta para se deslumbrar com a cor de uma borboleta, ou ao olhar para o horizonte, observando toda uma floresta, e é essa a essência do pesquisador.

É como pesquisador que escrevemos e que nos atrevemos a deslizar sobre as linhas históricas, para, de alguma forma, interpretar (através de uma análise singular) o porquê dos diversos pontos de vista sobre as múltiplas formas de vida.

Quando a própria definição de vida é um assunto contraditório e motivo de ferrenhos debates entre especialistas de todas as áreas, a dinâmica que observamos na organização dos seres, essa rede vasta e praticamente ininteligível observada no mundo natural, merece uma análise profunda (o mais profundo que o conhecimento pode alcançar em um abismo sem fim), não apenas de seu significado atual, mas também de como ela foi vista e revista ao longo da história da humanidade, bem como as maneiras que a conceberam.

Assim, procura-se, através da interpretação de alguns textos e teorias, uma ordem prática para os assuntos tratados, perseguindo uma associação entre as correntes cronologicamente próximas e teoricamente semelhantes ou contraditórias, no intento de transmitir as ideias de forma coerente, acerca dos paradigmas estabelecidos em um dado momento histórico. A análise dos dados textuais, assim como já foi explicitado, está sujeita a uma interpretação condicionada por uma era histórica, uma geração, portanto, a uma visão indissoluvelmente ligada à realidade do momento, à realidade do autor. Este fato se deve à influência dos paradigmas sobre as correntes do pensamento contemporâneo, como é exemplo da doutrina mecanicista e os atuais modelos de pesquisa científica.

Corremos o risco de parecer prepotentes, levianos ou de sonegarmos informações em favor de uma interpretação. Aos olhos dos discípulos ou admiradores, o crítico sempre abordará partes, em detrimento de outras, tornando o objeto do estudo incompleto ou parcamente compreendido. Quando desnudamos uma ideia, nos tornamos portadores de uma responsabilidade delimitada por sobre o que dizemos.

A abordagem da condição histórica que abrangeu o nascimento de um conjunto de informações e valores sobre a natureza se baseia em relatos, ou seja, uma interpretação de interpretações feitas continuamente e sujeitas sempre a julgamentos que transformam a realidade histórica em acontecimentos perniciosos ou sadios para a posteridade, de acordo com um ponto de vista particular.

Dessa forma, fundamentais são as ideias concebidas na reflexão acerca dos primórdios dos conjuntos de informações e valores, dos paradigmas milenares e contemporâneos. Esses pilares, adicionados, removidos ou substituídos, sustentam a tenda do conhecimento onde se abrigam os estudiosos e curiosos do mundo todo.

Panorama

Ao se falar sobre natureza e biodiversidade, quase automaticamente nos voltamos para o quadro de degradação do meio ambiente provocado pelas ações econômicas da sociedade de consumo contemporânea. De um modo bastante geral e difuso, essa crise vem sendo abordada em vários campos do conhecimento, e tem recebido o nome genérico de "crise ambiental"[1]. Essa "crise ambiental" pode também levar o nome de "crise da biodiversidade", já que o meio abiótico é tão afetado pelo biótico quanto esse por aquele.

A crise ecológica, vista como um sintoma da crise da cultura ocidental, tem engendrado uma ampla investigação a respeito dos valores que sustentam nossa cultura.[2] E já que são Homens os que fazem ciência, torna-se razoável inferir que esses preceitos sejam alterados de acordo com a história de um povo, que molda suas vidas, bem como também afeta a maneira como o Homem faz ciência, e o que faz com a ciência, ao longo do tempo.

Então é o próprio Homem quem faz a natureza ser entendida como tal, e a palavra tem significados e razões de ser diferentes para cada pessoa ou grupo que a está interpretando. Se pensarmos no plano molecular, os elementos químicos que formam um ser vivo

---

1. Grün, 2007.
2. Grün, 2007.

são capazes de estar organizados de tantas formas diferentes, que fica difícil definir a vida somente com conhecimentos da biologia[3].

Portanto, se uma definição justa de vida é razão para discussões no meio científico, devido às várias formas de se interpretar a palavra, o tema biodiversidade e natureza deve ser também discutido não apenas valendo-se das ciências, como também da história e da metafísica, que envolve a própria abstração do pensamento humano sobre temas comuns à sociedade ao longo dos períodos históricos. A diversidade e a pluralidade que estão contidas no ambiente como um todo, onde também nossa espécie se relaciona e cria reações que alteram ou destroem componentes fundamentais da vida na Terra, mostram-se tal como objetos de estudo tão importantes quanto às produções técnicas voltadas à conservação e ao desenvolvimento sustentável.

Há muitas formas de se ver a natureza. Cada um dos seres humanos é uma lente exclusiva, fundamentada e polida por temperamento e educação. E suas respostas à natureza – ao mundo – diversificam-se tanto quanto nossas personalidades, embora cada ser, em momentos distintos, possa ficar atônito, horrorizado, deslumbrado ou simplesmente entretido pela natureza[4]. Essas múltiplas formas de enxergar a natureza moldam, de maneira fundamental, o modo como o Homem estuda o ambiente ao seu redor. Aliado a isso, temos a situação histórica, à qual o pesquisador vê-se indissoluvelmente ligado, e que afeta direta ou indiretamente suas ideias.

Ora, se essas ideias podem ser influenciadas por tantas nuances, fica clara a necessidade de uma abordagem histórica e filosófica de "teorias da natureza", pelo motivo de que alguns paradigmas não apenas moldam as ciências envolvidas na formulação da teoria, como moldam o comportamento de toda uma sociedade atingida por esse pensar, traduzindo-o em "agir". Um "agir" que não só altera diretamente o cotidiano, como o próprio futuro das ideias que sucederão a vigente.

Uma busca pelas origens das teorias e suas implicações imediatas e, a longo prazo, tanto sobre a sociedade como sobre a própria

---

3. Lacaz-Ruiz, 2007.
4. Wilson, 1997.

biodiversidade da natureza, parece fundamental para uma compreensão mais profunda da atual crise ambiental e dos episódios que nos levaram às vias dessa crise, possibilitando também um novo olhar sobre a pluralidade natural.

Não devemos nos ocupar agora apenas com a elaboração de medidas técnicas e mitigadoras, deste que é não apenas nosso problema, como também das próximas gerações. É preciso voltar os olhos para as raízes do problema e perceber que, sendo a crise provocada pelo Homem, nada mais justo considerar a concepção das ideias do Homem sobre a natureza.

É difícil datar com precisão o nascimento de ideias e teorias. Não é fácil resistir à tentação de recuar no tempo e identificar conceitos com preconceitos, ou proto-ideias análogas ou convergentes, isto é, sem a mesma base fundamental. No outro extremo, deve-se evitar ignorar verdadeiros pioneiros no zelo de somente admitir como precursores os autores de ideias acabadas e de teorias atuais.[5]

A cultura em que vivemos nos fornece um par de óculos intelectual, com os quais a experiência e o conceito de primazia de sujeitos e objetos são interpretados. Se alguém enxergar as coisas através de óculos um pouco diferentes, ou se, Deus o guarde, tirar os óculos, a tendência natural dos que ainda estão usando óculos é achar suas declarações esquisitas, quando não completamente loucas.[6]

Em campo vasto, interdisciplinar e transdisciplinar, como o da ecologia, as contribuições fundamentais surgiram em distintas áreas do conhecimento, de maneira que cada historiador ou cronista tende a concentrar-se nos autores e na bibliografia de sua área profissional.[7]

Ao pesquisar o desenvolvimento das ideias em um contexto distinto daquele em que foram propostas, o cientista encontra a oportunidade de estabelecer correlações entre fenômenos que pareciam ser independentes.[8]

---

5. Avila-Pires, 1999.
6. Pirsig, 1993.
7. Avila-Pires, 1999.
8. Avila-Pires, 1999.

A maioria das pessoas fica angustiada com a destruição generalizada de espécies de seres vivos. Existe uma noção profunda de que isso é uma perda séria para o planeta. O problema principal não surge da aprovação direta da destruição de espécies, e da simplificação do meio ambiente. Surge, sim, da falta de consciência das consequências de nossas ações, e da primazia de outras preocupações. Duas ou três décadas atrás, não se consideraria importante discutir o assunto, porque poucos cientistas, e ainda menos leigos, acreditavam que a diversidade biológica estava - ou poderia estar - em perigo na sua totalidade.[9]

Inicialmente nos deparamos com um traço comum na maioria das civilizações antigas, que é o caráter mitológico das explicações acerca da diversidade biológica, com laços que ligam fortemente essas considerações com a religião vigente na época.[10]

Muitas destas teorias fantasiosas sobre a origem da biodiversidade, oriundas principalmente do ponto de vista da classe sacerdotal, sofreram intercâmbio com ideias de outras culturas e foram complementadas a ponto de convergirem para uma situação semelhante, em termos de conceitos. Porém, essas ideias são de origem puramente intuitiva, evoluindo conforme surgem métodos e teorias que, gradativamente, alteram todo o corpo da ideia, até transformá-la em uma teoria inteiramente nova, e mais adequada.

Além das versões sacerdotais religiosas, que baseiam a cultura de muitas civilizações, tem-se também a análise da natureza através da metafísica, realizada por cientistas e filósofos antigos e atuais, que guiam as atitudes dos contemporâneos destes filósofos, bem como as formas que o futuro das ciências e do pensamento assumem, e as consequências desses pensamentos transformados em atitudes objetivas.

---

9. Wilson, 1997.
10. Papavero et al, 1995.

Capítulo 2
A Mitologia Grega

Figura 1. *A prisão de Prometeu*, obra de Jacob Jordaens.

Devemos à Grécia os primeiros elementos racionais das artes, das ciências e da filosofia.[11] Também ao período helênico devemos um grande conjunto de obras de cunho religioso e social. Os frutos da observação sensível e dos saberes populares forneciam os dados dos quais serviram-se os poetas e o sacerdócio, que, através de alegorias e fábulas, procuraram retratar o surgimento da natureza e da humanidade de acordo com sua tradição politeísta.

---

11. Papavero et al, 1995.

A mitologia grega, muito conhecida por sua riqueza poética e fabulosa, era a base teológica que povoou a terra, os céus, as águas e o subterrâneo de heróis e deuses maravilhosos, com seus caprichos e disparates: amantes transformados em estrelas; bosques presididos por entidades sobrenaturais; riachos e ventos detentores de personalidade e espírito. Tudo isso fazia parte de um incrível e diverso arsenal para explicar os, então, incompreensíveis fenômenos naturais observados no dia a dia de um povo, daqueles que supunham ser o sol um incrível deus dourado, cruzando a abóbada celeste cavalgando em seus corcéis de fogo, espalhando a luz por sobre a terra, este nomeado Helio e mais tarde Apolo. Porém, nunca devemos tomar por inocentes ou imaginativos os que assim pintaram o universo, pois tinham em mãos a beleza de um mundo cheio de fenômenos a serem explicados somente com as informações concedidas pelos sentidos e pelo conhecimento herdado por vias da tradição da memória oral.

Naturalmente, também esta civilização buscava a resposta para o porquê da existência da biodiversidade e do Homem e imaginou um mundo mais complexo e excêntrico quanto jamais se tinha visto, pois são inúmeras lendas que tratam dos mais diversos assuntos, do surgimento das abelhas ou de uma espécie de árvore até as sinuosas curvas dos amores do Homem.

Sobre as principais fontes que nutriram o cristalino rio da mitologia grega temos, segundo Reynal Sorel (1996), o texto da *Ilíada* e da *Odisseia*, datados do século VIII a. C. A Grande Festa das Panateneias, em Atenas, era um dos importantes locais em que decorria a recitação destes textos. Do autor destas epopeias, os próprios antigos nada sabiam. Designavam-no Homero.

Também, diz Sorel, um sistema cosmogônico completo nos é transmitido por intermédio de Hesíodo, algures entre o fim do século VIII e o início do VII antes da nossa era. Começa pelo nascimento de Caos e termina com a castração de Urano, filho e parceiro de Géia, a segunda potência nascida.

O fragmento que exponho, a respeito da origem do seres vivos segundo a mitologia grega, provém da obra de Thomas Bulfinch (1796-1867), *O Livro de Ouro da Mitologia: histórias de deuses e heróis* (2002), em que o autor, através de sua poesia, exibe as mais relevantes versões dos mitos desse sistema teológico composto de deuses e deusas, empregado pelos gregos para aplacar as dúvidas na ordem dos fenômenos naturais. Considerando a cultura e teologia dos gregos, Bulfinch afirma que ainda persistem, e persistirão, pois estão demasiadamente vinculadas às mais notáveis produções da poesia e das belas artes, antigas e modernas, para caírem no esquecimento.

Sobre o primórdio da humanidade e da natureza, o autor expõe o seguinte retrato, embasado nas férteis histórias oriundas dos antigos mitos:

> A criação do mundo é um problema que, muito naturalmente, desperta a curiosidade do homem, seu habitante. Os antigos pagãos, que não dispunham, sobre o assunto, das informações que dispomos, procedentes das Escrituras, tinham sua própria versão sobre os acontecimentos, que era a seguinte:
>
> [*Em um primeiro momento, Bulfinck relata a criação do mundo propriamente dito, com seus rios, lagos, montanhas e bosques, por um deus - não se sabe qual. Também indica, muito brevemente, o surgimento, através deste deus, dos elementos animados, sendo que* "os peixes tomaram posse do mar, as aves, do ar, e os quadrúpedes, da terra". *Em seguida, o autor continua sua narrativa*] Tornara-se necessário, porém, um animal mais nobre, e foi feito o Homem. Não se sabe se o criador o fez de materiais divinos, ou se na terra, há tão pouco tempo separada do céu, ainda havia algumas sementes celestiais ocultas. Prometeu tomou um pouco dessa terra e, misturando-a com água, fez o homem a semelhança dos deuses. Deu-lhe o porte ereto, de maneira que, enquanto os outros animais têm o rosto voltado para baixo, olhando a terra, o homem levanta a cabeça para o céu e olha as estrelas.
>
> Prometeu era um dos titãs, uma raça gigantesca, que habitou a terra antes do homem. Ele e seu irmão Epimeteu foram incumbidos de fazer o homem e assegurar-lhe, e aos outros animais, todas as faculdades necessárias a sua preservação. Epime-

teu encarregou-se da obra e Prometeu, de examiná-la, depois de pronta. Assim, Epimeteu tratou de atribuir a cada animal seus dons variados, de coragem, força, rapidez, sagacidade; asas a um, garras a outro, uma carapaça protegendo um terceiro, etc., quando, porém, chegou a vez do homem, que tinha de ser superior a todos os outros animais, Epimeteu gastara seus recursos com tanta prodigalidade que nada mais restava. Perplexo, recorreu a seu irmão Prometeu, que, com a ajuda de Minerva, subiu aos céus e acendeu sua tocha no carro do sol, trazendo o fogo para o homem. Com esse dom, o homem assegurou sua superioridade sobre todos os outros animais. O fogo lhe forneceu o meio de construir as armas com que subjugou os animais e as ferramentas com que cultivou a terra; aqueceu sua morada, de maneira a tornar-se relativamente independente do clima, e, finalmente, criar a arte da cunhagem das moedas, que ampliou e facilitou o comércio. (Bulfinch, 2002, p. 19-20)

Para inaugurar a análise da narrativa, notamos a marcante influência, já introduzida aqui, das Escrituras Bíblicas sobre as crenças do autor e seus contemporâneos no que diz respeito à fundação do mundo e da humanidade, fato que evidencia a perenidade das palavras bíblicas, interpretadas em seu sentido literal até bem poucas décadas atrás (apesar de haver, ainda, alguns a insistirem nessa forma de interpretação, incorrendo no erro do absolutismo e do pernicioso fanatismo).

Quanto à narrativa propriamente dita, sobre a origem de nossa humanidade e dos animais, encontramos uma contradição na história descrita por Bulfinch (provavelmente fruto das várias fontes e versões conflitantes presentes na mitologia), onde diz que o homem e os animais são criados pelo deus inominado, e, ao mesmo tempo, por Prometeu, valendo-se de terra e água. Mais uma contradição é visível em outro trecho da fábula: foi o irmão de Prometeu, Epimeteu, quem teve a responsabilidade de conceber as criaturas. Dessa maneira, faz-se notar que pouco se deu atenção à lógica temporal na edificação dos sistemas cosmogônicos concebidos pelos helênicos, apenas tratando de lançar episódios sobre a gênese, sem haver uma grande preocupação em elucidações em nível de fundamentos da obra, período, motivos para essa criação ou outras questões. Localizam-se então, muito aquém (em termos lógicos) das especulações dos filósofos que construíam seus sistemas baseados em reflexões mais profundas que a simples composição de uma história fantástica sem a necessidade de um aprofundamento racional (ou sem pretensão de racionalidade, pois que sua poesia já lhes confere valor). Daqui obtemos, consequentemente, uma sugestão do porquê da predominância (além do contexto histórico) da versão bíblica da criação sobre as demais, já que essa, não contentando-se em pôr o homem e os demais seres em seus lugares no mundo, fornece uma razão e motivo para tal, não julgando à existência a vil simplicidade de somente existir.

Faz-se necessário, neste momento, que as atenções sejam voltadas também para outros detalhes da história narrada por Bulfinch. Vemos que Epimeteu, incumbido da tarefa de arquitetar todas as características inerentes às criaturas, se propôs a distribuir tanto características morfológicas quanto comportamentais aos animais, cada um figurando por sua qualidade arbitrariamente amplificada ao nível estereotípico humano, como a sagacidade da raposa, a força e coragem do tigre ou outro animal possante, etc.

Quando chegado o momento de conferir ao homem seus predicados, Epimeteu havia sido tão bem-sucedido a ponto de causar espanto. Teria sido essa sua obra-prima. Porém, Prometeu viu o potencial na raça humana, e mais que seu irmão fez, entregou ao jugo e intelecto do homem não as raças animais que seu irmão criara, mas sim o fogo celeste que nos dá o dia. Portanto, pode-se observar que, diferentemente da versão bíblica, onde Deus dá ao homem (sua obra sumária na criação) a propriedade desta criação, na versão da mitologia pagã, ao Homem foram entregues os meios de subjugar o ambiente natural às suas vontades, através do fogo, o que difere, em termos antropocêntricos, do direito legítimo conferido pelo Gênesis ao homem sobre a natureza.

O envolvimento dos pagãos com o ambiente natural é muito mais complexo que a clausura asséptica do Homem antropocêntrico. Respeitavam e viam nos bosques, rios e ventos as divindades, e não somente tábuas e moinhos. E já que, hoje, defende-se que a verdade exista na interpretação bíblica e não no rigor literal de suas parábolas fabulosas, quando submetidas à abstração do pensamento, deve-se considerar as ideias ocultas nas alegorias mitológicas, se valendo da metafísica racional para compreender e desvendar os fenômenos e consequências do antropocentrismo. Seria o Homem somente parte da natureza do globo terrestre ou seria ele o possuidor e motivo deste?

As possíveis implicações de ambas as conjecturas nos oferecem dados para chegarmos à resposta.

Capítulo 3
A Tradição Cristã

Figura 2. *A Criação*, pintura de Michelangelo.

A preocupação humana em explicar a origem do Universo, das faunas e floras, a distribuição e a diversidade das formas, no espaço e no tempo, as inter-relações entre as formas e o meio circundante, no caso do pensamento ocidental, foi, sem dúvida, maiormente influenciada pelos ensinamentos contidos no Livro do Gênesis[12].

Durante a era cristã, o texto bíblico do Gênesis foi muito explorado, tanto para fins didáticos, ou seja, como resposta às carentes informações sobre o passado remoto, como para a afirmação de posições eclesiásticas onde havia a necessidade de fundamentos "maiores" que apenas a vontade dos homens da igreja. Ora, nada mais prático que encontrar nas palavras divinas o aval necessário para se tomar atitudes um tanto quanto prepotentes. Fica clara a influência deste texto sobre a sociedade, quando o cristianismo elevou-se sobre o paganismo e se tornou a principal origem dos preceitos éticos e morais. Segundo Lynn White (1936 apud Grün, 2007, p. 23), "a vitória do cristianismo sobre o paganismo foi a maior revolução psíquica na história da nossa cultura". E sobre a luz do cristianismo nasceu uma nova cultura que influencia, direta ou indiretamente e ainda em nossa geração, as regras comportamentais e até científicas.

---

12. Papavero et al., 1995.

Durante vários séculos até a atualidade, essa cultura conduziu as atitudes da sociedade ocidental, tanto nos campos político e familiar quanto na filosofia e nas ciências, indicando assim, em vários momentos, através de seus dogmas, os rumos da história dos povos que adotaram sua essência durante algum período ou a essa essência foram involuntariamente expostos.

Detenhamo-nos agora à passagem bíblica que trata da criação do mundo e da pluralidade biológica. Este texto é definitivo para as sociedades compreendidas por sua corrente em detrimento às tão antigas e menos influentes versões da criação, sendo que todas foram concebidas quando naturalmente se buscavam explicações sobre a ocorrência da multiplicidade de "designs" observados, o que, agora, tratamos por biodiversidade e dessa forma se colocam no mesmo patamar histórico. Proposto intuitivamente através de alegorias, esta versão predominou sobre outras no pensamento ocidental e durante muitos séculos foi literalmente interpretada aproximadamente da seguinte forma:

> No princípio criou Deus o céu e a terra. A terra, porém estava vazia e nua; e as trevas cobriam a face do abismo; e o espírito de Deus era elevado por cima das águas.
> Deus disse: faça-se a luz. E fez-se a luz. E viu Deus que a luz era boa; e dividiu a luz das trevas. E chamou à luz dia, e às trevas noite; e da tarde e da manhã se fez o dia primeiro.
> Disse também Deus: Faça-se o firmamento no meio das águas, e separe umas águas das outras águas. E fez Deus o firmamento, e dividiu as águas, que estavam por baixo do firmamento, das que estavam por cima do firmamento. E chamou Deus ao firmamento céu; e da tarde e da manhã se fez o dia segundo.
> Disse também Deus: As águas que estão debaixo do céu, ajuntem-se num mesmo lugar, e o elemento árido apareça. E assim se fez. E chamou Deus ao elemento árido terra, e ao agregado das águas mares. E viu Deus que isso era bom. Disse também Deus: produza a terra erva verde que dê a sua semente; e produza árvores frutíferas que dêem frutos, segundo sua espécie, e que contenham a sua semente em si mesmas, para a reproduzirem sobre a terra. E assim se fez. E produziu a terra

erva verde, que dava semente segundo a sua espécie; e produziu árvores frutíferas que continham a sua semente em si mesmas. E viu Deus que isso era bom. E da tarde e da manhã se fez o dia terceiro.

Disse também Deus: façam-se uns luzeiros no firmamento do céu, que dividam o dia e a noite, e sirvam de sinais dos tempos, as estações, os dias e os anos; que luzam no firmamento do céu, e alumiem a terra. E assim se fez. Fez Deus, pois, dois grandes luzeiros, um maior, que presidisse o dia; outro mais pequeno, que presidisse a noite: e criou também as estrelas. E pô-las no firmamento do céu para produzirem sobre a terra, e presidirem ao dia e à noite, e dividirem a luz, das trevas. E viu Deus que isso era bom. E da tarde, e da manhã se fez o dia quarto.

Disse também Deus: produzam as águas animais viventes, que nadem nas águas; e aves, que voem sobre a terra, e debaixo do firmamento do céu. Criou Deus pois, os grandes peixes e todos animais que têm vida e movimento, os quais foram produzidos pelas águas, cada um segundo a sua espécie. Criou também todas as aves, segundo as suas espécies. E viu Deus que isso era bom. E Ele os abençoou, e lhes disse: Crescei e multiplicai-vos, e enchei as águas do mar: e as aves se multipliquem sobre a terra. E da tarde e da manhã se fez o dia quinto.

Disse também Deus: Produza a terra animais viventes, cada um segundo a sua espécie: animais domésticos, répteis e animais selvagens, segundo as suas espécies. E assim se fez. E criou Deus, os animais selvagens, segundo as suas espécies; os animais domésticos, e todos os répteis, da terra, cada um segundo a sua espécie. E viu Deus que isso era bom.

Disse também Deus: Façamos o homem à nossa imagem e semelhança, o qual presida aos peixes do mar, as aves do céu, as bestas, e a todos os répteis, que se movem sobre a terra, e domine em toda terra. E criou Deus, o homem à sua imagem: fê-lo a imagem de Deus, e criou-os macho e fêmea.

Deus os abençoou, e lhes disse: crescei e multiplicai-vos, enchei a terra, e tende-a sujeita a vós, e dominai sobre os peixes do mar, sobre as aves do céu, e sobre todos os animais que se movem sobre a terra. Disse-lhe também Deus: Eis aí, vos dei eu todas as ervas, que dão as suas sementes sobre a terra; e todas as árvores, que têm suas sementes em si mesmas, cada uma segundo a sua espécie, para vos servirem de sustento a vós, e a todos animais da terra, a todas as aves do céu e a tudo o que tem vida e movimento sobre a terra, para terem de que se sustentar. E assim se fez. E viu Deus todas as coisas que tinha feito, e eram muito boas. E da tarde e da manhã se fez o dia sexto. (Gênesis 1:1-31)

Em um primeiro momento, como demonstrado pela passagem inicial, no primeiro e segundo dia da criação, conforme o Livro do Gênesis, verificamos o caráter onipotente de Deus ao produzir as características basicamente verificáveis do planeta a partir de uma concepção supra-humana, baseada no plano das experiências do homem elevadas a um plano divino, um recurso natural para as civilizações antigas em que o sacerdócio se valia de conhecimentos básicos, adquiridos através de observações parcamente compreendidas, permitindo uma livre exploração dessas informações a fim de transmitir uma versão crível que explique o porquê de nossa existência e de tudo o mais. Afinal, alguém precisava determinar um modelo que sugerisse quem somos, de onde viemos e para onde vamos. Estabelecer um modelo estável e determinista da criação transmite segurança e conformismo à sociedade abrangida, favorável à posição dominadora da igreja que se observou durante a Era Cristã.

No terceiro dia de criação, após a criação do elemento árido, a terra, é que efetivamente observamos o início da criação das espécies, em que pode ser observada uma hierarquização, uma divisão das espécies por ordem crescente de importância, onde as "ervas" assumem um papel de espécies de baixa qualidade quando em comparação com outros organismos criados posteriormente, como as árvores frutíferas. Como base da cadeia trófica, também é pertinente à criação dos elementos vegetais como um princípio uma preparação da terra para seus habitantes "mais nobres". É interessante também observar a alusão do texto ao detalhe das sementes, pormenor fundamental para expressar a linhagem dos seres vivos (a semente determina que espécie de "erva" germinará), e demonstra a perenidade das espécies, ou seja, tudo quanto existe atualmente deve, necessariamente, sua criação a Deus e ao preciso momento de sua concepção.

Pertencerá à humanidade ou a Deus a resolução do declínio ou da bonança?

Saltando ao quinto dia da criação, segundo a tradição cristã, notamos a origem da vida aquática e o surgimento das aves. Este é o momento bíblico que se refere ao surgimento dos seres animados, quando é possível perceber o tratamento inanimado e quase inorgânico em que o livro lança mão ao abordar a origem da diversidade vegetal, elementos não abençoados pelo criador, diferentemente das outras formas de organismos que, animados, sensibilizaram o homem que lhes conferiu o título de "viventes". No momento da criação dos animais aquáticos observamos novamente a sugestão de uma hierarquização por ordem crescente de importância, sendo esses animais criados a partir das águas, seguidos dos outros gêneros animais, produzidos segundo a vontade de Deus em momentos oportunos.

Chegamos ao momento em que o criador culmina sua obra. Essa importante passagem refere-se ao momento de maior relevância durante a obra divina, trata-se do dia sexto, o dia do surgimento dos animais terrestres e do homem, quando Deus, com sua obra máxima, coroa sua labuta ao produzir um organismo segundo sua imagem e semelhança. No início do sexto e último dia, surge a diversidade de criaturas terrestres, sucessivamente: os animais selvagens; os animais domésticos (já havia animais domésticos antes da criação de seu beneficiário); e os répteis terrestres. E, nesse caso, viu Deus que eram bons.

Então Deus, premeditando um beneficiário de sua criação, um "algo" que assuma a obra e presida sobre a terra e sobre o mar, idealizou sua criatura máxima: *Homo sapiens*. E o fez. Criou-os macho e fêmea. E o criador os abençoou e comunicou-lhes que os mesmos deveriam popular a terra com seus descendentes e que tudo o mais criado, toda biosfera, seria seu legado a eles.

Esta é a parte de interesse para as futuras gerações e torna-se, então, a palavra de Deus à humanidade sobre as coisas que ele criou, e sobre o antropocentrismo. Em favor do *Homo sapiens*, fora criado o incrível aparato do ecossistema. Ao seu jugo, foram entregues as criaturas e a terra, e, com o desenvolvimento dessa nova espécie, da humanidade, estariam eles comprometidos. E assim ficou estipulado: a flora seria o alento dos seres animados, enquanto todos estes elementos estariam sujeitos aos caprichosos desmandos dos Homens, assim como as mulheres foram sujeitas aos desvarios do gênero masculino, um dos legados da cultura cristã verificado em nossos contemporâneos. E, de acordo com a tradição cristã, assim é que foram criados os sujeitos e objetos.

Foi durante dezenas de séculos, através de interpretações quase sempre ortodoxas, que esse trecho do livro do Gênesis tornou-se a principal fonte de dados sobre o início do tempo e das coisas, e a principal origem da filosofia antropocêntrica durante o período de maior influência do cristianismo na cultura dos povos ocidentais. Filosofia que se harmonizou à maneira com que estes enxergaram e se inter-relacionaram com a biodiversidade e o meio ambiente, o que também remete à história do Brasil e seus colonizadores.

Sobre o Mito do Dilúvio e a Arca

Volta-se aqui ao livro bíblico Gênesis, desta vez para lançar um olhar sobre outro trecho, que também trata da biodiversidade e dos Homens. Analisemos agora o dilúvio, ao qual a bíblia alude. Desta vez veremos o contrário: a degeneração e consequente renovação através da purificação (destruição) das criaturas divinas, e um novo centro de dispersão das espécies que, segundo Papavero et al (1995), foi um dos mais importantes fatores a influenciar o pensamento biogeográfico do Ocidente, até pelo menos o século XVIII d. C.

Por tanto esse mito foi (e continua sendo) estudado, ainda rendendo pesquisas sobre sua origem, também devido às frequentes comparações com outros mitos semelhantes porem de culturas diversas. Inúmeros e respeitáveis pesquisadores procuraram comprovar a veracidade deste relato, de raízes antigas, acreditando ser este o fator derradeiro para a distribuição das espécies atualmente. Porém, essa alegoria também nos reporta a uma interpretação da condição do Homem como corruptor da diversidade, da posição de domínio que a humanidade tem em relação às outras espécies e de como a degradação desta humanidade afligiu toda ordem biológica, para instauração de um novo mundo e de uma nova consciência, após o dilúvio.

Temos contato com este mito desde muito cedo, o que tem acontecido durante gerações. Diante disso não se faz necessário ater-se a detalhes acerca da história da Arca, e de Noé e sua família, já bem conhecida por nós, mas sim a passagens pertinentes ao trabalho, reproduzindo então a passagem final do conto, em que Deus abençoa os homens (Noé e sua família), após acometer a terra com o dilúvio.

> Tendo Deus visto que a malícia dos homens era grande, entregues aos vícios e sensualidades, arrependeu-se da criação, tendo sido tocado interiormente de dor. E disse: Eu destruirei encima da face da terra o homem que criei. Estenderei a minha vingança desde os répteis até as aves do céu: porque me pesa de tê-los criado. (Gênesis 6:7)

Tendo então escolhido Noé, por sua honra, Deus passou-lhe as instruções de construir uma arca para poupar sua família do dilúvio que viria, dizendo que o mesmo deveria levar consigo, na arca, cada espécie animal, garantindo o sustento das mesmas, a fim de preservar a vida de cada exemplar da criação que andasse sobre a terra ou povoasse os céus.

Então, Deus assolou a terra e todos os animais que por ela andavam, e todas as aves que povoavam o céu, devido à corrupção humana. É clara a omissão, no mito, do que se passou com os peixes. Talvez estes não tenham sido punidos como os outros seres animados, o que se pode sugerir inferindo que as criaturas marinhas se enquadravam na base de uma hierarquização biológica de valoração crescente, como mencionado anteriormente. Assim como aos peixes, não há menção do ocorrido com a flora no mito do dilúvio, o que se atribui, possivelmente, à crença na geração espontânea. O trecho que aborda a chegada da pomba com um ramo verde nos sugere essa geração espontânea (Gênesis 8:11).

Depois de passados muitos dias, as águas começaram a baixar, expondo a terra lodosa e virgem, de onde a pomba libertada por Noé coletou um ramo verde de oliveira sinalizando que as águas se tinham recuado. Então, Deus ordenou a Noé que saísse da arca junto com seus familiares e que fizesse sair todos os animais beneficiados com a odisseia na arca. Após Noé ter voltado à terra firme, edificou um altar dedicado a Deus, onde ofereceu sacrifícios. Isso agradou a Deus que, dirigindo-se aos sobreviventes, disse que não haveria mais de acometer a terra com tais catástrofes.

Abreviou-se nesta seção, apesar da beleza e importância, o conto do dilúvio, omitindo muitas partes cruciais para plena contextualização, abordando, porém, as necessárias para chegar-se ao trecho abaixo, a fim de que, somadas a estas abordagens, torne-se possível a interpretação do mito como um todo.

Esta é a ocasião em que Deus abençoa Noé:

> E Deus abençoou a Noé e seus filhos, e disse-lhes: Crescei e multiplicai-vos e enchei a terra. Temam e tremam em vossa presença todos os animais da terra, todas as aves do céu, e tudo o que tem vida e movimento na terra. Em vossas mãos pus todos os peixes do mar. Sustentai-vos de tudo o que tem vida, e movimento: eu vos deixei todas estas coisas quase como os legumes e ervas. Excetuo-vos somente a carne misturada com sangue, da qual eu vos defendo que não comais. Porque eu tomarei vingança de todos os animais, que tiverem derramado o vosso sangue; e vingarei a vida do homem da mão do homem, que lhe tiver tirado, ou ele será seu irmão, ou seja qualquer estranho. Todo o que derrama o sangue humano será castigado com a efusão do seu próprio sangue. Porque o homem foi feito a imagem de Deus. Vós, porém, crescei e multiplicai-vos sobre a terra, e enchei-a. (Gênesis 9:1-7)

Vê-se aqui um instante interessante da história, em que Deus reforça a posição antropocêntrica sobre as demais biodiversidades. Ora, é claro que os homens são privilegiados em detrimento das outras condições de vida, se não pela sua inteligência, que até hoje é um mérito discutível, mas pelo seu espírito dominador e sua brutalidade.

Porém, esse famigerado antecedente histórico é o que procuramos hoje reverter, já que a insensibilidade e soberba dessa posição demonstraram-se males que ameaçam tanto as importantes e diferentes formas de vida (que tem seu valor extrínseco por participarem, em qualquer nível, da cadeia da vida) como as próprias gerações dos Homens.

Sendo fruto do intelecto humano a própria abstração de sua condição na terra, seria apenas um passo a mais considerar-se acima de todas as coisas com as quais se tem contato sensível, submetendo assim todos os benefícios da condição privilegiada de quem possui a técnica e, ao que se supõe, a inteligência em seu favor.

Garante-se, assim, o privilégio e conforto da espécie, sem ter, então, de se ocupar com problemas de níveis inferiores, um nível abaixo do seu, onde permaneceu toda ordem de seres vivos criados para nutrir o hipotético progresso da humanidade.

Vimos que o criador dedicou tudo o que era animado ao sustento dos seres humanos, excetuado a própria carne, e pondo sob ameaça de retaliação todos quantos levarem a cabo suas intenções homicidas, maculando a criação máxima, o autorretrato de Deus.

Novamente, no fim do trecho, temos a ordem divina para que os homens sejam profícuos e encham a terra. A fortaleza humana é uma massa avassaladora sobre o globo e o habitat, tendo sob seu domínio tudo: animado e inanimado, graças também à força numérica e consequente pressão sobre os ecossistemas.

Todos os exemplos históricos de expansão irracional de uma população nos demonstram um desequilíbrio que promove uma mudança tremenda e fatal sobre importantes elementos da comunidade envolvida. Mas, o que se diria disso em tempos tão fecundos nos quais a humanidade creditava-se suprema diante de tão vasto e fértil terreno que lhe fora cedido?

A partir do mito do dilúvio é que, segundo a bíblia, a natureza se reencontra no mundo por uma graça concedida por Deus à humanidade, uma nova oportunidade entregue aos Homens, um benefício que se estende, por motivos claros, a toda natureza.

A Torre de Babel

No mito da Torre de Babel observaremos, novamente através do livro do Gênesis, um trecho em que se aborda a distribuição das raças (se ainda pode-se usar a palavra sem se ter de lançar mão de uma série de conceitos acerca da compreensão do termo e das intenções do autor) de *Homo sapiens*. E já que tratamos de diversidade biológica e do Homem, nada mais justo do que debater, através desta singular e inconfundível fábula, a condição do Homem como parte da biodiversidade. Apesar de colocar-se um patamar acima dos demais seres vivos, o Homem está, indissoluvelmente, ligado à pluralidade biológica, pois é proveniente da corrente de mutações, estando sujeito à seleção natural, assim como estão sujeitas as demais manifestações bióticas.

Figura 3. *A Torre de Babel* de Pieter Brueghel.

Trata-se de uma narrativa curiosa que alude, fantasticamente, um assunto a que se dá grande importância e debate: a distribuição biogeográfica da espécie humana. Mas o assunto não é tão restrito quanto o nome sugere, já que envolve uma série de particularidades a respeito dos povos, de suas culturas, e a ligação destas com o ambiente a que se está familiarizando.

O mito falará por si. Vejamos então:

> Ora, na terra não havia senão uma mesma língua e um mesmo modo de falar. E os homens tendo partido do Oriente, acharam um campo na terra de Senaar, e habitaram nele. E disseram uns para os outros: Vinde, façamos ladrilhos e cozamo-los no fogo. Serviram-se pois de ladrilhos por pedras, e de betume por cal traçada. E disseram entre si: Vinde, façamos para nós uma cidade, e uma torre, cujo cume chegue até ao céu; e façamos célebre o nosso nome, antes que nos espalhemos por sobre toda a terra. O senhor, porém, desceu, para ver a cidade, e a torre, que os filhos de Adão edificaram, e disse: Eis aqui um povo, que não tem senão uma mesma linguagem; e uma vez que eles começaram esta obra, não hão de desistir do seu intento, a menos que o não tenham, de todo, executado. Vinde pois, desçamos, e ponhamos nas suas línguas tal confusão, que eles se não entendam uns aos outros. Desta maneira é que o Senhor os espalhou daquele lugar para todos os países da terra, e que eles cessaram de edificar esta cidade. E por esta razão é que lhe foi posto o nome de Babel, porque nela é que sucedeu a confusão de todas as línguas do mundo. E dali os espalhou, o Senhor, por todas regiões. (Gênesis 11:1-9)

Aqui temos esclarecida, segundo a narrativa bíblica, a questão da multiplicidade cultural e da diversidade humana, resultado da ousadia e prepotência dos homens em querer alcançar os céus.

Uma das maiores belezas na humanidade são justamente as civilizações que, diferentes em sua distribuição, mostram composições únicas de sociedades, da adaptabilidade da espécie e de como pode ser desconcertante e incrível a diversidade cultural e biológica. Tal diversidade, miscigenada, torna-se um mosaico cheio de potencial. O Homem, que conceitua tudo à sua volta, toda diversidade natural, torna-se também objeto de admiração e contextualização, assim como toda diferença orgânica.

Claro que se trata de uma narrativa que, fabulosamente, sugere as causas da diversidade cultural e racial das civilizações. Porém, nem sempre ela foi uma simples narrativa, mas sim um dado enfaticamente usado como uma evidência incontestável. Inúmeros pesquisadores se valeram deste suposto dado, muito popular, e de ampla credibilidade em tempos passados, para fundamentar obras de cunho etnorracial sobre supostas superioridades e inferioridades que se revelavam nos tipos morfológicos. Lamentavelmente, assim como existem teorias maléficas, existem homens dispostos a levá-las a cabo.

Sendo a diversidade humana tão vasta e tomando tantas formas de acordo com as tantas condições que compõem a biosfera, essa passagem bíblica torna-se uma das primeiras explicações para a questão. A diversidade humana não se contextualiza somente no plano das civilizações, mas se manifesta também nas relações em um plano mais restrito e menos generalista, manifesta-se quando, pura e simplesmente, dois exemplares de *Homo sapiens* encontram-se face a face. Aí está a diversidade de pensamentos e ações que resultam em diferentes cosmovisões ao redor do globo, entendimentos que irão se refletir como um espelho no mundo natural. Se olharmos a biodiversidade somente por um aspecto, como, por exemplo, a natureza como objeto de consumo, esta será tosca e limitada pela própria definição do homem, não revelando seus segredos mais belos, padecendo e definhando à medida em que se mantém uma ditadura sobre a vida e preparando-se, ou sendo preparada (está mais de acordo com o momento), para elevar-se sobre os Homens e vê-los sucumbirem pelas mãos da Mãe que lhes deu a vida.

Após analisarmos as principais facetas da criação e da história primordial da civilização, segundo a tradição judaico-cristã, que exerce grande influência sobre as comunidades ocidentais, podemos observar o estabelecimento de ideias-chave, que conforme Papavero et al (1995) podem ser observados nos relatos tratados:

I) A *existência* do Universo, por obra da Criação Divina;

II) A existência de uma *ordem*, imanente a esse Universo, necessária em uma produção divina;

III) A existência de um "centro de criação" no jardim do Éden, onde foram criados os animais e plantas;

IV) A existência de um só casal primordial, originador da espécie humana, diferindo de todas as outras espécies por um ato criador especial e pela posse de uma alma racional e imortal;

V) A prerrogativa da espécie humana de dominar a terra e todas suas produções, animais e plantas (Gênesis 1:28-29);

VI) A existência de um centro de dispersão de biotas, na narrativa do dilúvio de Noé;

VII) A existência de geração espontânea;

VIII) A existência de um "centro de dispersão" e *diferencia*ção de raças, na narrativa da torre de babel;

IX) A existência dos mecanismos de pangênese e de herança dos caracteres adquiridos.

Capítulo 4
A Racionalização Metafísica Clássica

Figura 4. *A Escola de Atenas*, obra de Rafaello Sanzio.

Após travarmos contato com os textos abarcados neste início de trabalho –, narrativas fantásticas contemplando momentos imemoriais do universo que o Homem até hoje procura conhecer e compreender – por-nos-emos a apreciar algumas ideias acerca da natureza teorizada pelos pioneiros da pesquisa e da filosofia, os primeiros a fazer das observações do mundo natural seu principal instrumento na construção do conhecimento. Foi este um passo dos mais importantes para os futuros moldes da pesquisa. Passo este estabelecido como um marco na caminhada da sociedade ocidental em busca do saber e galgado por filósofos e pesquisadores da civilização greco-romana.

A partir do século VI a. C., pode-se observar um crescimento no número de pensadores que, ao contrário das antigas narrativas que se inspiravam no sobrenatural para as explicações de fenômenos naturais, do cosmos e do aparecimento do universo, usavam da observação das causas naturais para construir um saber mais próximo da razão. A interpretação de fenômenos e a teorização, através destas interpretações, das leis fundamentais que regem o universo, é a meta, a pedra filosofal dos alquimistas do pensamento clássico. Interpretações que hoje nos parecem absurdas devido à amplitude do conhecimento contemporâneo eram revolucionárias, totalmente plausíveis e de acordo com o conhecimento acumulado pelos filósofos precursores.

Vários foram os filósofos e as correntes de pensamento que se seguiram neste momento histórico, buscando fazer da vida o conhecimento.

Pitágoras, nascido na ilha de Samos, por volta de 580 a. C., foi o primeiro a intitular-se filósofo. Foi também o primeiro professor de ciências do ocidente ao fundar uma escola em Crótona. Daí seguiram-se muitos autores que, segmentados por princípios filosóficos, cada qual com sua particularidade, procuravam formular explicações razoáveis para as ininteligíveis realidades do mundo físico e orgânico.

Figura 5. Anaximandro de Mileto no detalhe da obra *A Escola de Atenas*, de Rafaello Sanzio.

A exemplo disto, Anaximandro de Mileto, nascido ao final do século VII a. C., e morto na segunda metade do século VI a. C., discípulo e sucessor de Tales de Mileto, chegou à seguinte interpretação, quanto à origem das espécies, em seus ensinamentos:

> Os primeiros animais nasceram do úmido, circunvoltos por uma casca espinhosa; com o progredir do tempo, sucumbiram ao seco e, rompendo-se a casca, mudaram de forma de vida. (Aetius, V:19,4)
> No princípio o homem nasceu de animais de outras espécies, pois, enquanto os outros animais logo aprendem a nutrir-se por si mesmos, o homem necessita de um longo período de lactação; por essa razão, não teria podido sobreviver, em sua origem, tivesse sido como é agora (Pseudopl. *Strom.* 2). (apud Papavero et al, 1995, p. 74)

Para Anaximandro, a terra em seu estado inicial, ou seja, a umidade primitiva da terra (um caldo primordial de água, vapores e terra), foi a incubadora que abrigou o início dos seres vivos que se modificaram em espécies, conforme a evaporação. Observa-se que Anaximandro defende que as espécies provêm de uma súbita mutação, aparecem com um designer já acabado e inovador provindo de outra espécie, e respondendo às condições impostas pelo meio.

Para este filósofo, o elemento que precede e origina a vida é a água, a umidade. Para elucidar as origens da humanidade o filósofo baseia-se em um princípio prático, fruto da interpretação de uma realidade imediata: o homem em seu estágio inicial, após o nascimento, era incapaz de alimentar-se por si próprio. Anaximandro chega à conclusão de que o homem seria incapaz de ser fecundo como espécie, tendo surgido infante em um mundo ermo, sem os cuidados maternais. A partir desse princípio, pressupõe que nossa condição fisiológica e comportamental diferia-se da atual, ou seja, transformara-se de outro ser vivo.

Outro influente filósofo foi Heráclito de Éfeso (540-480 a. C.). Segundo ele:

Os contrários concordam; da luta dos contrários nasce a
mais bela harmonia (Fragm. 8)
A guerra é o pai de todas as coisas (Fragm. 53)
Todas as coisas nascem segundo luta e necessidade (Fragm.
80). (apud Papavero et al, 1995, p. 79)

Vê-se, assim, que Heráclito acreditava serem os obstáculos os que fornecem motivos e impõem as condições para a diversidade biológica compor-se, surgindo em resposta a diferentes níveis de pressão que exigem condições especiais quanto à forma de vida. O que é uma prévia da ideia de seleção natural, em que os termos de especiação poderiam estar na esfera presa-predador ou outras situações ecológicas como disputas intra e interespecíficas.

Para Heráclito, as coisas mudam constantemente a ponto de uma coisa "ser", para, no instante seguinte, "não mais ser", sem retornar ao mesmo contexto, devido ao incessante fluxo temporal. O elemento fundamental no universo é o fogo, de onde tudo provém (de suas transformações), e onde tudo será consumido segundo o legado intelectual do filósofo.

Estas teorias partem das especulações de brilhantes homens que, em um período ímpar da história da humanidade, fixaram a pedra fundamental que serviria de ponto de partida para a construção do conhecimento como o vemos hoje em nossa sociedade.

Tomam-se, em seguida, novos exemplos para travarmos um contato mais amplo com essa fase da história, e com o que foi sugerido quando esses pensadores vislumbraram e refletiram sobre a diversidade de organismos em um mundo vivo e dinâmico.

Empédocles sobre a Origem das Espécies

Empédocles de Agrigento (492-432 a. C.), conhecido como o primeiro sanitarista, nasceu em Aeragas, hoje Agrigento, na costa da Sicília. Foi um homem de poderosa posição aristocrática, que acreditava ter pertencido, em outra geração, ao quadro divino dos deuses, levando essa excentricidade ao extremo de togas púrpuras e sandálias de bronze. Também foi reconhecido como poeta, político, filósofo e médico. Restaram, porém, poucos fragmentos de seus versos sobre a diversidade biológica e a natureza.

Figura como um importante personagem no rol dos filósofos clássicos e, tendo nos deixado alguns de seus ensinamentos, permite-nos agora tratar de alguns de nosso interesse, para enriquecer a montagem desta galeria acerca da natureza, composta de todas as tintas postas ao alcance da mão do Homem, que pintou e criou novas matizes ao sentir sua curiosidade aguçar.

Sobre a gênese dos seres vivos dizia ele que:

> Os animais e plantas, em suas primeiras aparições, não surgiram completos; surgiram primeiro como partes separadas umas das outras. Em um segundo estágio, cresceram e uniram-se as partes, formando as figuras mais diversas. Em um terceiro, as dos corpos como totalidade. Em um quarto, não mais pela mistura dos elementos como terra e água, mas pela geração. (apud Papavero et al, 1995, p. 83)

Vê-se que, segundo Empédocles de Agrigento, os seres não eram completos no primórdio do surgimento da organização da vida, havendo somente partes funcionais, separadas umas das outras. Após o surgimento destas partes, começaram a juntar-se para formar os mais diferentes protótipos de seres vivos, resultado da combinação sem critério dessas partes, logo após, tomando os corpos sua composição original segundo a espécie, sendo esta fecunda e originadora das demais gerações de sua espécie.

Vimos também a crença deste filósofo na geração espontânea das partes a partir da composição da terra, sendo este o primeiro passo para o surgimento da pluralidade biológica. Isso parte da crença dos filósofos clássicos na constituição do universo por quatro elementos fundamentais, água, fogo, ar e terra, tendo sido pela atração desses quatro elementos que, segundo Empédocles, surgiram as partes constituintes dos homens e das demais espécies que afloraram à luz natural.

Para complementar os versos, unirei fragmentos da obra de Empédocles, extraídos de Papavero et al, (1995). Diz esse profícuo filósofo:

> Dela [da terra] nasceram muitas cabeças sem pescoço, braços nus erravam faltos de ombros, e olhos vagavam desprovidos de fronte.
> Membros vagavam solitários.
> Criaturas de andar arrastado e providas de inúmeras mãos.
> Cresceram muitas [criaturas] com duplo rosto e duplo peito, bovinos com face humana ou, ao contrário, homens com cabeça de boi, seres misturados aqui de homem, ali à maneira de mulheres, providos de órgãos sexuais umbrosos. (p. 85)

Segundo Aristóteles, tais monstros não podiam sobreviver. Um certo número de formas, porém, com o número e arranjo correto das partes, sobreviveu; foram esses que conseguiram se reproduzir e originar as espécies atualmente vivas (apud Papavero et al, 1995).

Ao fazer a conexão dos fragmentos aqui contemplados, observamos também partir de Empédocles uma proto ideia da teoria da seleção natural, alcançada à custa da reflexão subjetiva sobre uma série de pressupostos: tendo os seres vivos ascendido à vida diretamente da terra, constituídos de membros e partes unidas ao acaso, fora entregue a chama da espécie fecunda somente àqueles cuja constituição morfológica permitiu a sobrevivência, perecendo então os seres incompletos, que não suportaram as pressões impostas pelo meio. Daí, a atual diversidade biológica, composta pelos organismos que obtiveram êxito nesse período de confusão morfológica.

Por exemplo, as espécies animais constituídas de boca, mas sem apêndices locomotores apropriados, sucumbiriam devido à limitação trófica no momento da coleta. Essa teoria, porém, se aplicou a um momento específico. Depois de estabelecidas as espécies em condições de sobreviver, com o design composto de partes funcionais para a forma de vida de sua espécie, a seleção natural, proposta por Empédocles, cessou sua influência sobre os tipos orgânicos, sendo, então, todas as formas de vida atuais advindas deste processo.

Sobre os elementos da flora, assim ensinou o pensador siciliano, quanto ao surgimento e especiação das árvores:

> [...] cresceram sobre a terra antes dos animais, antes de o sol se ter destacado, antes de o dia e a noite se tornarem distintos. Dependendo da proporção das misturas que as formaram, adquirem a função do sexo masculino ou do feminino; erguem-se no ar e crescem ao calor da terra, formando parte dela, assim como o embrião cresce no seio da mãe, da qual é parte. As frutas são excedentes de água e de fogo das plantas; as árvores dotadas de menos água perdem as suas folhas quando da evaporação do verão; as de mais água permanecem verdes, como o louro, a oliveira e a palma. As diferenças de gosto provêm da variedade de composição do solo que as nutre, do qual as plantas tiram suas diferentes homeomerias, como nas uvas. (apud Papavero et al, 1995, p. 84)

Em um primeiro momento depara-se com o surgimento das espécies vegetais saídas do solo quando nada havia na terra, quando nem mesmo os dias se tinham estabelecido. Assim como na tradição cristã, para Empédocles os vegetais foram a primeira classe de seres vivos a surgir na terra, antes mesmo da separação do dia e da noite, ignorada a relação das plantas com a luz, já que este fato não se tinha ainda constatado.

Porém, a flora não foi entendida pelo filósofo como parte do mundo vivo. Fazia parte de um plano mais baixo do surgimento da vida, figurando como uma projeção especial e específica da terra, assim como um apêndice saído dela e, conforme o filósofo ensina, formando parte dela. E, novamente, chegamos à suposição, seguindo o pensamento de Empédocles, de ser a aparição dos vegetais uma preparação e uma necessidade para as espécies animadas vindouras, estabelecendo assim um cenário favorável a elas, caso contrário, não seria viável a aparição das espécies animadas, que necessitam, invariavelmente, de uma fonte primária de energia, da qual se nutrem.

Observa-se também que os vegetais são constituídos em espécie e gênero sexual devido à composição do solo. O arranjo das substâncias constituintes do solo determina a especiação do vegetal que, ao nutrir-se, se diferencia de acordo com essa composição. É também essa composição que cede o sabor específico de todas as frutas.

Temos também um prévio tratado sobre fisiologia vegetal quando da alusão à queda das folhas por sazonalidade, em relação à disponibilidade de água e à espécie, em um momento histórico em que pouco ou quase nada se sabia sobre o assunto.

Todas estas analogias partem de uma observação básica do mundo vegetal. Sendo elas (as árvores) parte da terra, não destacando-se desta (a menos que haja a engenhosidade do homem no afã de suas necessidades). Ao mesmo tempo que ascende aos céus, e tendo seus mecanismos fisiológicos ainda ocultos, é razoável interpretá-la como que surgida diretamente da terra e, suas partes, pela força da terra construídas.

Sendo possível verificar diferentes composições de solos e a limitação do crescimento de certas espécies vegetais em determinadas regiões e condições topográficas, hidrológicas, etc, é bastante palpável a versão de Empédocles para o surgimento da flora de acordo com suas observações do mundo natural, não deixando, portanto, de ser "verdadeira".

Platão e a Degeneração das Espécies

Figura 6. Platão e Aristóteles no detalhe da obra
A Escola de Atenas, de Rafaello Sanzio.

Platão nasceu em Atenas, em 426 a. C., de uma linhagem aristocrática, muito abastada, e faleceu em 348 a. C., aos 80 anos. Foi um dos maiores entre todos os filósofos. Valendo-se de uma poesia rica e da profunda abstração mental nos traduziu o, até então ininteligível, paradigma das ideias. A teoria que lhe ocorreu, e que coroou sua obra fundamentando seus ensinamentos, baseia-se num mundo celestial dos conceitos perfeitos.

De acordo com Platão, a substância "real" no universo é a "forma" ou a "essência" do objeto e não a manifestação particular disso diante dos nossos olhos.[13]

---

13. Bergmen, 2004.

Haveria, partindo deste ponto de vista, um mundo onde a essência das coisas habita, a ideia. O fundamento ideal da matéria estaria neste mundo, sendo o mundo material uma mera reprodução tosca do sumo conceito dos objetos.

No mito da caverna, o prisioneiro do mundo real, o mundo dos sentidos, toma como verdade apenas as sombras que se reproduzem nas paredes da caverna, quando seu exterior, o mundo das ideias perfeitas, apenas dá o ar de sua existência nas sombras turvas do subterrâneo. A contemplação da verdade só ocorrerá quando um esforço intelectual libertar o prisioneiro de seu cativeiro, que, podendo sair da caverna, acostumar-se-á com a claridade do mundo das ideias, doendo-lhe a vista nos primeiros passos da exploração intelectual.

Através deste mito, e muitos outros exemplos, Platão nos sugere ser a matéria (ou o pouco do real que somos capazes de perceber por nossa sensibilidade) apenas uma cópia imperfeita, ou uma reprodução mal acabada, do ideal do objeto, do seu projeto perfeito. O cavalo, por exemplo, tem seus grosseiros representantes em nosso mundo material, entretanto, o ideal de cavalo, o animal que reside no plano das ideias, longe da corruptibilidade da matéria, é imaculado.

Todo o objeto que a imperfeição da matéria reproduz será inferior se comparado com seu ideal para este filósofo que acreditava ser possível admirar o mundo verdadeiro apenas pela abstração do pensamento, pelo esforço intelectual.

Quanto ao fato de haver tantos tipos biológicos no mundo, Platão pensou pela mesma via de sua teoria das ideias: fora criado um organismo baseado em seu ideal, criação essa a que se deu o nome "homem", já uma cópia imperfeita da que andava cheia de si no plano celestial das ideias.

Estabelecida a existência deste homem primo no mundo, sujeito ao devir da matéria, pipocou, a partir dele, nas subsequentes gerações, toda biodiversidade, herança da corrupção do homem, inaugurando, assim, a degeneração das espécies, que parte de onde seria nossa chegada evolutiva. Atualmente, consideramos os organismos ancestrais, o ponto de partida para a diversidade biológica. Platão, no entanto, provavelmente deslumbrado com a própria capacidade, colocou o homem como origem da biodiversidade, se degenerando até chegar a forma mais "vã" de vida. Vejamos um dos legados de Platão, que tem sua obra bastante preservada em comparação a seus contemporâneos, sobre a diversidade animal:

> Assim, nosso objetivo original de discorrer sobre o universo até a criação do homem está quase completo. Devemos fazer uma breve menção da geração dos animais, tal como o assunto pode ser tratado com brevidade; desta maneira nosso argumento atingia uma melhor proporção. Sobre o assunto dos animais, então, as seguintes notas podem ser feitas. Dos homens que vieram ao mundo, os que eram covardes, ou que levavam vida desregrada, podem com razão ter mudado para a natureza das mulheres na segunda geração [Aqui, segundo Papavero et al (1995), Platão discorreu sobre a necessidade da existência das mulheres para a reprodução e entrou em uma digressão sobre as base anatomo-fisiológicas da luxúria]. Mas a raça das aves foi criada a partir de homens inocentes, de mentes aéreas, que, apesar de terem suas mentes voltadas para o céu, imaginavam em sua simplicidade que a mais clara demonstração das coisas acima podia ser obtida pela visão; esses foram remodelados e transformados em aves e cresceram penas em vez de pêlos. A raça dos animais pedestres selvagens, novamente, veio daqueles que não possuíam nenhuma filosofia em seus pensamentos e nunca teceram considerações sobre a natureza celeste, porque cessaram de usar os cursos da mente, mas seguiram aquelas partes da alma que estão no peito. Em conseqüência desses hábitos, tiveram suas penas dianteiras e cabeças descansando sobre a terra, para a qual são atraídos por afinidade natural, e a crista de suas cabeças se alongou e assumiu todas as formas, e sua alma foi esmagada em razão do desuso. E esta foi a razão por que eles criaram os quadrúpedes e polípodes: deus deu aos mais insensíveis mais apoio para que ficassem mais atraídos pela terra. E aos mais tolos deles, que reptam seu corpo pelo chão, tornou-os ápodes, para se arrastarem sobre a terra. A quarta classe é a dos habitantes da água: estes foram feitos dos mais inteiramente insensíveis e ig-

> norantes de todos, os quais os transformadores não criam que necessitassem mais da pura respiração, pois possuíam uma alma tornada impura por todas as sortes de transgressões; e ao invés do sutil e puro meio aéreo, deram-lhe o profundo e lamacento mar, para seu elemento de respiração; daí surgiu a raça dos peixes e ostras, e outros animais aquáticos que receberam as mais remotas habitações como punição por sua desmesurada ignorância. Estas são as leis pelas quais os animais passam de um a outro, agora e sempre, mudando enquanto perdem ou ganham sabedoria e loucura. (*Timeu,* 90-92)

No início da narrativa sobre a concepção da pluralidade animal, Platão alude que suas ponderações sobre o assunto apenas fazem-se necessárias para ampliar e culminar suas ideias sobre a humanidade. As pretensões do filósofo estavam ligadas, muito mais, ao campo antropológico, já que, filosoficamente, as grandes incógnitas sempre estiveram ligadas ao homem e sua estada no universo. Sendo assim, valeu-se de uma filosofia totalmente antropocêntrica para criar a narrativa que, de acordo com suas teorias, revela o porquê de tantas formas animais. A supremacia do Homem se mostra em seu poder racional e criativo na sensibilização do intelecto. A sociedade contemporânea, que chora triste sobre as consequências desse conceito, nunca esperou que a racionalidade do Homem fizesse-lhe ameaças através de algo julgado tão vulgar e insensível como a natureza da terra.

Quando do surgimento dos primeiros homens no mundo, segundo Platão, estes, corromperam-se e deixaram-se levar-se pelas fraquezas do sexo masculino, transformando-se, por isso, na segunda geração, em mulheres. Aqui, Platão reafirma a posição superior do homem sobre a mulher. O favorecimento era comum nas antigas civilizações e usado para garantir a colocação do sexo masculino acima da submissa figura feminina numa população segregada pelo sexo, garantindo-lhe direitos e velando seus abusos sobre todas as outras formas de vida que então considerou existirem em um nível abaixo do seu.

As aves, humanizadas pelo pensador, eram os homens definidos pelo conceito subjetivo de "mentes aéreas" que logo, devido a essa natureza, foram transformados no tipo morfológico das aves. Os animais terrestres assim se transformaram, por sua iniquidade e falta de dedicação ao raciocínio, e quanto mais esses espíritos tornam-se estúpidos, e à medida que seu intelecto se desfaz pela corrupção, mais distante tornam-se do homem, e mais bestial e vil é o organismo.

De toda essa ignorância, como ensina Platão, surgiram os animais aquáticos que, distantes habitantes de um universo obscuro e abissal, tornaram-se o último destino das almas dos homens degenerados.

Para Platão, os problemas do Homem constituíram sua meta, do início ao fim da vida. O destino de cada um como indivíduo e como cidadão era um dos seus temas favoritos de discussão (Paulo, 1996).

As ideias deste pensador foram, e continuam sendo, muito influentes na filosofia, e suas teorias tiveram grande impacto na construção do conhecimento e na interpretação da realidade. A metafísica de Platão levou a humanidade a reflexão de si mesma e da condição única da espécie humana sobre as demais. Condição esta que se mostrou mal interpretada no decorrer do desenvolvimento da civilização ocidental, revelando, por consequência, uma faceta extraordinária da natureza, de quem se sujeita paciente aos disparates tirânicos da humanidade e que, cansada e aturdida por suas chagas, se revolve em desespero e agonia mostrando o mal da esterilidade.

Capítulo 5
Tomás de Aquino e a Qualidade das Espécies

Figura 7. *Tomás de Aquino*, obra de Velázquez.

Em um pertinente salto cronológico, falemos agora a respeito da principal figura da filosofia medieval cristã, o homem que presenteou a igreja com a racionalização de Deus e da criação, dissipando as brumas que envolviam o verdadeiro motivo dos diferentes graus nas criaturas do mundo cristão, justificando a existência do homem e a necessidade de sua fé, espiritualizando o "deus-motor" do mundo proposto por Aristóteles. O fato de que o mundo está em movimento significa que algo deve primeiro ter causado este movimento. Esta primeira causa é Deus. Algo deve ter colocado algo em movimento para haver movimento.[14]

Tomás de Aquino nasceu em 1225 d. C., no castelo de Roccasecca, perto de Aquino, e morre não muito longe dali, em 1274 d. C., aos 49 anos de idade. A biografia de Tomás de Aquino não apresenta momentos dramáticos, podendo ser sintetizada nas etapas principais de uma vida inteiramente dedicada à meditação e aos estudos (*Os pensadores*, 1979). A obra de Santo Tomás compõe-se de mais de sessenta títulos. Influenciado por uma gama diversa de autores profanos e cristãos, o filósofo Tomàs de Aquino edificou, por mãos próprias, as novas bases filosóficas e teológicas que guiariam, a partir de então, os olhares dos Homens que procuravam Deus na igreja, ou que a isso eram induzidos.

Durante a Alta Idade Média, as obras de Aristóteles e dos gregos foram descobertas no Ocidente, muito embora não se encaixassem bem nos dogmas da igreja da época. Antes de Aquino, a tradição filosófica medieval baseava-se no conhecimento neoplatônico agostiniano, de maneira que, assim como Platão inspirou Agostinho, Aristóteles inspirou Aquino.[15]

Tomás de Aquino foi um trabalhador incansável e um espírito metódico, que se empenhou em ordenar o saber teológico e moral acumulado na Idade Média, sobretudo o que recebeu através de seu mestre Alberto Magno (*Os pensadores*, 1979). Vejamos com que sensibilidade tratou o tema da biodiversidade, este filósofo, em sua obra *Suma contra os gentios*, livro II, capítulo 45, quando reflete sobre a condição de diferença e desigualdade na criação ministrada pelo deus católico:

> Quanto mais alguma coisa é semelhante a Deus em vários aspectos, tanto mais se aproxima a sua semelhança. Ora, em Deus

---

14. Bergmen, 2004.
15. Bergmen, 2004.

existe a bondade e a difusão da bondade a outros e, assim, a perfeição da coisa criada se assemelha mais a Deus não somente se for boa, mas se também puder agir para o bem dos outros: assim é mais semelhante ao sol o que dá luz e ilumina do que aquilo que só tem luz. Ora, a criatura não pode fazer o bem para outra a não ser que dentre as coisas criadas exista pluralidade e desigualdade: o agente é diferente do paciente, e mais nobre. Assim, foi oportuno, para que houvesse uma perfeita imitação de Deus, que houvesse diversos graus nas criaturas.

A existência de muitos bens finitos é melhor do que a de um só bem finito: pois eles possuem o bem deste e ainda mais. Mas toda bondade da criatura é finita e fica aquém diante da infinita bondade de Deus. Assim é mais perfeito o universo criado com vários graus de coisas do que com um só.

Ora, ao Sumo Bem compete fazer o que é melhor e, assim, foi-lhe conveniente fazer vários graus de criaturas.

A bondade da espécie supera a bondade do indivíduo, como o formal supera o material. Assim, mais contribui para a bondade do universo a multiplicidade de espécies que a multiplicidade de indivíduos de uma mesma espécie. É assim pertinente à perfeição do universo, não somente que existam muitos indivíduos, mas também o fato de haver diversas espécies e em consequência, diversos graus nas coisas criadas.

Todo aquele que age pelo intelecto, representa a espécie do seu intelecto na sua obra: assim como o artista faz algo parecido a ele. Deus ao fazer as criaturas, atuou pelo intelecto, e não por necessidade da natureza. Portanto a idéia do entendimento divino esta plasmada na criatura que Ele fez. Mas como o intelecto que entende muitas coisas não pode ser representado suficientemente por uma só, o intelecto divino se representa mais perfeitamente produzindo muitas coisas do que se produzisse uma só.

Não deve faltar na obra de um sumo e bom artífice a máxima perfeição. Assim como o bem da ordem de diversos seres é melhor que o bem de um só – por ser o elemento formal relativo aos entes singulares como a perfeição do todo a suas partes – não devia faltar o bem da ordem na obra de Deus. Mas este não poderia dar-se, sem a diversidade e desigualdade das criaturas.

É assim que a diversidade e desigualdade das coisas não procedem do acaso, nem da diversidade da matéria; nem pela própria intervenção de algumas causas e méritos, mas do próprio querer de Deus, que quis dar às criaturas a perfeição que elas podem ter.

Assim foi dito (Gênesis 1:31) "Deus viu que tudo que havia feito era muito bom"; mas de cada coisa singular diz apenas que é boa. Porque cada coisa em si possui uma natureza boa, mas todas juntas são muito boas para a ordem do universo, que é a última e mais nobre perfeição das coisas.

Observa-se, assim, a forma que, inundada de sensibilidade e coroada por uma aura de bondade, Tomás de Aquino meditou e laborou a matéria que diz respeito e compreende os organismos que compõem o mosaico do sumo bem, e se ao autor for permitida uma dose de ironia. Sobre este tema ponderou Tomás de Aquino no fragmento aqui apresentado, nos indicando a perfeição de Deus representada na diversidade das coisas que Ele criou visando ao bem. Nota-se, no primeiro parágrafo, uma hierarquização, concebida por Santo Tomás, da dimensão e qualidade do bem nas criaturas de Deus, contribuição da suma inteligência para a perfeição de sua criação, em que a manifestação e difusão da bondade contribuem para o bem da ordem do universo, mais que um universo somente bom, como a luz que brilha no submundo e não se revela, e não difunde o bem de sua beleza e praticidade. Pode-se estabelecer comparação com a máxima holística, na qual o todo é mais que a soma de suas partes.

Toda a bondade das criaturas é finita e escalonada para que no mundo haja a manifestação do bem, que ocorre somente onde existe a desigualdade de condições, e já que a Deus pertence a inteligência total, a conveniência da diversidade nas coisas que vemos é óbvia.

Nas ideias de Tomás de Aquino, um conceito básico da ecologia atual é comum: o bem do mundo ou de um ecossistema saudável e equilibrado está nos diferentes graus de seres que compõem a comunidade, ou seja, quanto maior o número de sistemas em um ambiente, maior será sua resistência e equilíbrio, garantindo assim o estado de ordem universal.

Para Tomás de Aquino, a qualidade maior está em várias ordens de bem que, desiguais, compõem a perfeição e o bem maior, que é o produto da suprema inteligência de Deus e um reflexo de sua perfeição. Assim, para este teólogo, por exemplo, uma monocultura não expressaria o requinte da obra de Deus se comparada a um ecossistema complexo resultante das várias matizes que, relacionando-se, representam um bem e beleza maiores que apenas o bem e praticidade de uma espécie singular. Ou seja, os seres são capazes de construírem em partes, através da dimensão de sua bondade, o todo que figura como a vontade e intenção divina.

As diferenças quanto à condição social do Homem também estão inclusas na passagem em que cita que não se poderia verificar a ocorrência da bondade ou solidariedade se a todos fossem dados os mesmos recursos, tanto materiais como espirituais e intelectuais. Não haveria fundamentos, nem seria preciso padres no lugar onde Deus é figura conhecida e entendida. Não haveria espaço para caridades voltadas à autossatisfação e à afirmação em um lugar criado por Deus, onde suas criaturas tivessem as mesmas condições e estivessem em pé de igualdade quanto à disponibilidade de recursos. Enfim, um mundo banhado nas águas da sabedoria absoluta não careceria de estudantes com suas dúvidas que ascendem em importância conforme se constrói o conhecimento.

Com relação à ligação homem–natureza, as considerações de Tomás de Aquino também convergem rumo ao antropocentrismo, sendo a espécie *Homo sapiens* a possibilidade máxima da bondade finita legada ao mundo da criação. A herança cultural e a história, hoje, demonstram isso, muito mais ainda. Além do altruísmo, mostra também conceito máximo em matéria de vilanias, em circunstância de crimes com requinte de crueldades premeditadas, tanto no que se refere ao próximo como no que tange ao meio ambiente, o único fornecedor dos sustentos, a quem a humanidade insiste em afligir "burramente" em pilhagens e saques.

Observamos também a participação da filosofia platônica sobre as ideias de Santo Tomás sobre a biodiversidade, marcada visivelmente na passagem: "a bondade da espécie supera a bondade do indivíduo, como o formal supera o material". Verifica-se, desta forma, como a filosofia de Platão se mostra sedutora e influente, figurando em várias considerações, tanto metafísicas quanto teológicas, durante muitos momentos da história do mundo ocidental.

Deste fragmento da obra de Aquino, sobre diversidade biológica e sobre a humanidade, extrai-se a ideia de que cada coisa em si é boa, ou seja, tem uma função prática no meio que está inserido. Ideia esta que contribui para formar um mosaico que, conforme nos afastamos para contemplar, tão mais nítidas vão se tornando as feições, permitindo que se chegue ao todo da obra, que é o reflexo do artista e fruto de sua perfeição. Artista este que é, para o filósofo Tomás, Deus.

Capítulo 6

Organismos Mecânicos e a Razão

Figura 8. *Portret van René Descartes*, por Frans Hals.

Para propósitos de compreensão da transformação das orientações do agir humano em sua relação com a natureza considera-se, também, a influência de quatro grandes pensadores: Galileu (1564-1642), Francis Bacon (1561-1626), Descartes (1596-1650) e Newton (1642-1727) (Grün, 2007). Vejamos, agora, algumas das ideias do mais influente pensador do mundo moderno e contemporâneo e as consequências delas sobre nossa história.

Se abordamos a base das doutrinas deste homem, em detrimento dos quatro citados, isso se deve à notoriedade conquistada por uma ideia simples, mas tão clara que torna-se capaz de iluminar novos caminhos para a humanidade. O homem responsável pela concepção de uma filosofia que, juntamente com outras teorias e conceitos paralelos que seguiam para o mesmo horizonte, acabaria por guiar a história do mundo, lançando bases de onde toda ciência e pensamento contemporâneo, direta ou indiretamente, iriam nutrir-se para edificar as várias repartições do conhecimento valendo-se da firmeza do método baseado exclusivamente na razão.

René Descartes foi a principal figura responsável, através do contexto de sua obra, por uma revolução não só nas ciências, como em quase tudo que se refere à aplicação do raciocínio, avançando sobre terrenos muito mais sutis, como a ética e a subjetividade, que é esmagada pelas evidências dos dados objetivos.

Inserido em um determinado contexto histórico e com uma biografia muito particular, que apresenta passagens excêntricas e curiosas, este homem tomou o futuro nas mãos. Como produto de grande engenhosidade, designou um conjunto capital de ideias tão largamente aplicáveis e tão atraentes por seu radical rompimento com os antigos paradigmas da dogmática escolástica medieval e da filosofia clássica que, por sua racionalidade e lógica, deixa à sua sombra todas as mais engenhosas tentativas de se chegar à semelhante objeto filosófico.

Todo avanço científico e todas as filosofias posteriores estão ligados a esse período particular que se torna limítrofe, um grande abismo que se abre, separando a Idade Média dos Tempos Modernos, culminando em nossa geração, que corre aturdida, às vezes sem ter o tempo necessário para refletir sobre o quão profundo cala a teoria cartesiana, suas francas qualidades e seus males ocultos, pelo motivo de serem para nós tão banais os conceitos envolvidos e repetidos através da herança cultural, que os discípulos incorrem no erro em que mais temia Descartes, a mera reprodução de informações apenas absorvidas, não sendo submetidas à dissecação para que se comprove seu fundamento e autenticidade baseado no raciocínio lógico e que devem, portanto serem jogadas aos porcos, pois não há lugar para suposições e descrições subjetivas no cartesianismo.

Mas por que tratar de uma filosofia aparentemente distante de nosso assunto?

A resposta para essa pergunta não é muito difícil de se alcançar, pois já mencionou-se sua profunda influência desde posteriores gerações até nós. As ideias de Descartes culminaram em nossa sapiência do quão inverossímil é a crença de que, aos domínios do homem, foi entregue a custódia das outras máquinas orgânicas, desprovidas da indivisível razão (e sensibilidade) que o homem possui, admirando o mundo natural como simples objeto do intelecto e fornecedor de matéria para que o produto final seja a saúde (o bem) do Homem.

A biodiversidade, o mundo natural, em Descartes, transforma-se em um laboratório, tudo se explica com a mecânica que envolve o funcionamento de suas partes, e o todo se resume às partes. Se é o Homem quem faz a apreciação racional dos dados, dividindo em partes, quantificando a natureza, objeto passivo que sofre a análise do inquiridor, claramente observamos o fortalecimento da ética antropocêntrica e um rompimento maior, e mais avassalador, do homem com seu habitat.

E grandes modificações na sociedade do Ocidente: o surgimento dos estados-nação; a arte e filosofia do Renascimento e do Iluminismo; o crescimento do poder da moeda; a Reforma Religiosa. Era esse o cenário que se insinuava, no qual René Descartes também dá suas pinceladas, transformando a pretensão confusa de um projeto em uma obra-prima que serviria de referência para todos os artistas que viriam depois, dando corpo e forma ao que se aludia, dando aos Homens um objetivo, como que descrito em uma receita.

Nascido em 31 de março de 1596 na cidade de La Haye, próxima à cidade de Tours na França, René Descartes teve uma vida muito reservada e solitária, dedicada aos estudos e meditações contrabalançados por viagens e aventuras em exércitos, compondo uma personalidade singular que lhe permitiu, junto de seu ceticismo "inato", chegar às vias de sua filosofia. Seus estudos também se deram de forma muito particular. Tendo estudado no colégio de La Flèche, ali foram concedidas regalias especiais ao jovem René devido à sua frágil constituição e à amizade da família Descartes com o reitor do colégio. Concluídos os estudos em La Flèche, René deu início ao que pode resumir (muito parcamente, já que nosso objetivo não é contemplar as biografias, mas, sim, acompanhar a lógica do pensamento filosófico que aborda a natureza) os demais anos de sua vida: a reclusão dedicada às meditações intelectuais e às viagens.

Observaremos aqui uma passagem de sua obra *O Discurso do Método*, em que Descartes alcança um objetivo: chega a uma fórmula que, adiante no tempo, seria a principal referência para as ciências, tendo incalculável impacto sobre o comportamento do Homem e a saúde do planeta. *O Discurso do Método* é uma obra em que Descartes refere-se a diversos problemas de ordem matemática ou astrofísica. Porém, seguramente, o momento de maior importância desse produto de grande engenho está na passagem em que René Descartes formula as famosas quatro regras fundamentais para que se dirija a pesquisa em busca da verdade.

Para Strathern (1997), a melhor parte d'*O Discurso do Método* é, de longe, a relativamente curta introdução, que esboça as ideias essenciais do pensamento de Descartes, que mudariam o curso da filosofia. Este texto, talvez único na história da filosofia, não nos diz, propriamente, como devemos proceder nem que caminho (ou que caminhos) devemos percorrer para alcançar a verdade, mas como ele, René Descartes, procedeu para alcançá-la.[16] Contemplemos, agora, a referida passagem:

> E, como a multidão de leis fornece amiúde escusas aos vícios, de modo que um Estado é bem melhor dirigido quando, tendo embora muito poucas, são estritamente cumpridas; assim, em vez desse grande número de preceitos de que se compõe a Lógica, julguei que me bastaria, os quatro seguintes,

---

16. Corbisier, 1994.

desde que tomasse a firme e constante resolução de não deixar uma só vez de observá-los.

O primeiro era o de jamais acolher alguma coisa como verdadeira que eu não conhecesse evidentemente como tal; isto é, de evitar cuidadosamente a precipitação e a prevenção, e de nada incluir em meus juízos que não se apresentasse tão clara e tão distintamente a meu espírito, que eu não tivesse nenhuma ocasião de pô-lo em dúvida.

O segundo, o de dividir cada uma das dificuldades que eu examinasse em tantas parcelas quantas possíveis e quantas necessárias fossem para resolvê-las.

O terceiro, o de conduzir por ordem meus pensamentos, começando pelos objetos mais simples e mais fáceis de conhecer, para subir, pouco a pouco, como por degraus, até o conhecimento dos mais compostos, e supondo mesmo uma ordem entre os que não se precedem naturalmente uns aos outros.

E o último, o de fazer em toda parte enumerações tão completas e revisões tão gerais, que eu tivesse a certeza de nada omitir.[17]

Foi então, tomando desses preceitos para direção de sua pesquisa, que Descartes iniciou uma revolução filosófica muito mais abrangente que sua própria e restrita influência sobre os avanços no campo científico. Antes de suas considerações sobre temas mais restritos, Descartes inicia seu *O Discurso do Método* sugerindo uma nova base em que a pesquisa e a construção do conhecimento se alicerçam, dando um apoio mais vigoroso, baseado exclusivamente na racionalidade. Resumidamente, o filósofo e matemático Descartes chega a uma receita que, muito mais que modificar a pesquisa, modifica tudo o que compreende o conhecimento. Parte de um conjunto de quatro códigos chave, que indicam uma direção a ser seguida para encontrar a mais provável verdade, visto que um grande número de regras, apesar de contemplar várias situações, dificilmente será todos-contemplado, correndo o franco risco de macular o objetivo da

---

17. Descartes, 1979, p. 36-37.

indagação que é a verdade. Os quatro referidos preceitos dão termos a todas as obras de Descartes, e transformaram-se em princípios para a ciência contemporânea.

O primeiro refere-se à eterna dúvida e desconfiança que se deve ter sobre todos os assuntos. Não se podem admitir os dados se estes não forem razoáveis para o "espírito" (ou a razão, pois, para este filósofo, os pensamentos provêm do espírito, como veremos na citação abaixo, do 4° artigo de seu *As Paixões da Alma*), e para Descartes tudo pode e deve ser mensurável e quantificado para se apresentar como fato. De acordo com René, a matemática é a base da verdade, por apresentar resultados indiscutíveis. Os números são os únicos capazes de nos traduzir as informações do mundo real. Os dados são, para ele, a legenda precisa da realidade.

Para Descartes, a única certeza era expressa em sua máxima, a observação mais famosa na filosofia: *"cogito, ergo sum"* (penso, logo existo). Não há meios de saber qualquer coisa com certeza. Exceto uma coisa. Não importa quanto eu possa estar enganado em minhas ideias sobre mim mesmo e sobre o mundo, há apenas uma coisa que não se pode negar: estou pensando e apenas isso prova a mim mesmo minha existência.[18]

Em seu segundo dogma, o filósofo indica que se divida por assuntos um problema, postas cada qual destas partes em sua área de competência, para que sejam analisadas em separado, maximizando a eficiência da pesquisa. Nisso, ele vagamente idealiza os setores da ciência, as várias disciplinas que, compartimentadas pela mesma orientação cartesiana, compõem a ciência atual.

O terceiro preceito está ligado à noção de construção do conhecimento por etapas, partindo da compreensão das informações mais básicas para ascender, bem munido de dados preliminares, a patamares cada vez mais elevados em suas indagações.

O quarto refere-se ao acúmulo de informação para a unificação do conhecimento, que legitimará os resultados, sendo verificados

---

18. Strathern, 1997.

os meios com os quais se chegou ao objetivo, dando espaço, então, para a análise da verossimilhança por quem quer que chegue a ter contato com a pesquisa.

Hoje, toda a forma de trabalho científico "relevante" fundamenta-se, invariavelmente, nesses quatro princípios arquitetados por René Descartes, que claramente observamos em nosso dia a dia acadêmico, em que tudo, a despeito da estética e subjetividade das informações supridas pelos sentidos, é decifrável no mundo físico se acompanhado de dados numéricos que são, sim, preciosos, mas não substituem a abstração do raciocínio singular e não traduzem a realidade percebida pela sutileza da sensibilidade na fria objetividade do número. Os recursos retóricos, a metafísica e até a moral e a ética são sujeitos a um segundo plano quando matematicamente ficam em suspenso, como um problema sem solução. Isso também tem reflexos no momento em que o homem desenvolvimentista vislumbra uma paisagem desfigurada por cifras e margens de lucro.

Em um outro momento da obra de René Descartes, mais exatamente o quarto e sexto artigo de *As paixões da alma,* podemos observar um exemplo mecanicista, paradigma filosófico encontrado no contexto de seu trabalho, de muita relevância para a atualidade. A representatividade do mecânico em nossas vidas é indiscutível. A razão que o Homem possui, e de que se orgulha, é fechada hermeticamente à parte do mundo natural divisível (cartesiano) desenhado pelo mecanicismo, tudo é somente objeto explicado pela Física, e a qualidade, uma palavra relativa, é posta de lado, assim como tantas outras que têm profundo significado para humanidade.

Assim, atingia Descartes o entendimento sobre as particularidades do corpo e a mente:

> **Art. 4.** Que o calor e o movimento dos membros procedem do corpo, e os pensamentos, da alma.
>
> Assim, por não concebermos que o corpo pense de alguma forma, temos razão de crer que toda espécie de pensamento em

nós existente pertence à alma; e, por não duvidarmos de que haja corpos inanimados que podem mover-se de tantas diversas maneiras que as nossas, ou mais do que elas, e que possuem tanto ou mais calor (o que a experiência mostra na chama, que possui, ela só, muito mais calor e movimento do que qualquer de nossos membros), devemos crer que todo o calor e todos movimentos em nós existentes, na medida em que não dependem do pensamento, pertencem apenas ao corpo.

[...]

Art. 6. Que diferença há entre um corpo vivo e um corpo morto.

A fim de evitarmos, portanto, esse erro, consideremos que a morte nunca sobrevém por culpa da alma, mas somente porque alguma das principais partes do corpo se corrompe; e julguemos que o corpo de um homem vivo difere do de um morto como um relógio, ou outro autômato [...], quando está montado e tem em si o princípio corporal dos movimentos para os quais foi instruído, com tudo o que se requer para sua ação, difere do mesmo relógio, ou outra máquina, quando está quebrado e o princípio de seu movimento pára de agir.[19]

Para complementar e concluir as considerações acerca deste olhar mecanicista de Descartes sobre o corpo e o mundo orgânico em geral, subentendido em sua ideia, é interessante observar as considerações de Mauro Grün (2007) sobre o cartesianismo e a moral antropocêntrica e suas relações com a educação ambiental:

> A idéia mecânica de natureza guardava uma forte analogia com a idéia do funcionamento do relógio. Esta idéia surgia como algo providencial no sentido político, pois permitia à ciência continuar trabalhando com a idéia de Deus, sem que esta idéia, contudo, atrapalhasse o desenvolvimento científico. J. Kepler (1571-1630) é um dos criadores da metáfora do relógio. Em uma carta a um amigo ele escreve: "Estou muito ocupado com a investigação das causas físicas. Minha meta é mostrar que a máquina celestial está ligada não a um organismo, mas a um relógio". A metáfora do relógio fornecia uma

---

19. Descartes, 1979, p. 228.

estratégia por intermédio da qual a ciência poderia proceder, pois se o mundo era como um relógio, Deus era o "fazedor de relógios". Assim, o plano divino revela-se na ordem "conhecível" que Deus havia criado. A reprodução desta trajetória que vai do orgânico ao mecânico, no nível da teoria do conhecimento, representa a perda do "orgânico" como objeto do saber. A conseqüência disso é que o conceito de vida é expulso da ciência. O paradigma mecanicista é incapaz de dar conta da vida como processualidade. (p. 28)

Além disso:

A distinção entre sujeito e objeto legitimará todo o procedimento metodológico das ciências naturais. Hoje, praticamente todas as pesquisas realizadas nas universidades são ainda sustentadas pelo procedimento objetificante presente na lógica interna do dualismo cartesiano. O físico Heisenberg, três séculos após o surgimento da filosofia cartesiana, diria que "essa divisão penetrou profundamente no espírito humano nos três séculos que seguiram a Descartes e levará muito tempo para que seja substituída por uma atitude realmente diferente em face do problema da realidade" (1962, p. 81). Assim, uma estranha combinação química que teria o efeito de uma bomba para o meio ambiente formava-se com a *alquimia do modernismo*. O cartesianismo e o cristianismo conjugados lançavam as bases de uma ética e os homens tornavam-se, nas palavras do próprio Descartes, "senhores e possuidores da natureza". Estava fundada a ética antropocêntrica sobre a qual se edificaria toda educação moderna. (p. 35-36)

Capítulo 7

As Palavras de Okute sobre o Lar

Após considerarmos alguns dos paradigmas filosóficos que mais influenciaram o pensamento ocidental sobre a natureza, observemos também as palavras de uma cultura mais próxima à nossa realidade, para não nos restringirmos somente à filosofia clássica, esse pensar e agir de homem branco, que considerou primitiva e condenou uma cultura, uma civilização que, ignorada, passou a ser despojada de tudo quanto lhe era precioso: sua liberdade e seu lar. O conhecimento do nativo-americano foi esquecido, marginalizado, pois não haveria intelectualidade e nada deveríamos aprender com um povo que parecia tão rudimentar em seus hábitos cotidianos.

O conhecimento adquirido através da memória oral parecia tolo e onírico a quem fora capaz de conceber coisas tão belas como igrejas e tão sedutoras quanto a moeda, metal cunhado que pode valer mais que uma legítima civilização.

O que veremos no relato a seguir é muito mais que a simples narrativa de um estilo de vida. Ela transmite noções profundas de ecologia e do equilíbrio de uma cultura que, longe de ser quimérica, mitológica ou imprecisa, produzia frutos para suas gerações, transmitindo as leis da civilidade indígena, não no frio da pena do legislador, mas nas palavras dos velhos e no assovio do vento.

Em toda América os nativos sucumbiram e seu conhecimento e sua saúde prostraram-se ante a nova sociedade que os subjugava e submetia. O novo mundo, que parecia o Éden para os homens brancos, com uma diversidade biológica intrigante, acabou sendo adequado aos poucos a fim de que os europeus se sentissem mais à vontade, e, lentamente, apreciando a confiança dos índios, fossem tomando para si o território, que era a memória e o futuro do nativo.

A natureza, que fora o sustento do nativo, de toda sua história como povo, era agora moeda e a terra, túmulo dos pais e avós dos índios, transformada em lotes. As gerações futuras não mais as teriam, pois deveriam pagar por ela. Deu-se, então, a ruína de muitos povos.

Felizmente, ainda há meios de travarmos contato com ela, através de alguns vestígios de sua cultura, os quais contribuem para delinear um conhecimento multidisciplinar e sensível do nosso ambiente natural, o que nos foi (e ainda é) negligenciado por uma educação antropocêntrica que se autoisolou na artificialidade de um existir entre paredes, dando de ombros para o que nos é imediatamente caro: nosso sustento como organismo, desde a mais sutil até a mais óbvia relação de interdependência entre as espécies de seres vivos. E, neste sentido, o olhar "orgânico" do povo americano nos leva a refletir sobre a aridez de uma vida em que se nega a realidade imediata, que desacredita na firmeza da terra ao amparar seus passos, pois, nua de pavimento, figura apenas como matriz agrícola.

A dor do índio, diante da morte de seu modo de vida, não foi plenamente compreendida pelo homem branco, e talvez nunca o seja. Tentemos então compreender minimamente sua sabedoria sobre as manifestações da natureza, o que nos permitirá refletir sobre nós mesmos. Os índios não consideravam virtuoso impor sua vontade sobre o ambiente: para eles, a posse privada, sem exceção, levava ao empobrecimento, não à riqueza.[20]

O texto trazido à discussão é o de Okute, ou Atirador, um índio Sioux Teton (nação indígena norte-americana). Datado de 1911, o relato fala sobre suas crenças, demonstrando a visão e conhecimento de seu povo sobre o mundo natural.

O motivo de se ter escolhido esse relato, além da beleza e sensibilidade da narrativa, tem relação com o fato de não figurar como mera descrição antropológica de uma cultura marginalizada, mas como um documento das palavras silenciadas de uma civilização, sobre seu lar:

> Todos os seres vivos e todas as plantas devem sua vida ao sol.
> Se não houvesse o sol, haveria escuridão e nada cresceria, fican-

---

20. McLuhan, 1994.

do a terra sem vida. No entanto, o sol precisa de ajuda da terra. Se apenas o sol influenciasse os animais e as plantas, o calor seria tão grande que eles morreriam. Mas existem as nuvens que trazem a chuva, e a ação combinada do sol e da terra proporciona a umidade necessária à vida. As raízes das plantas se aprofundam, e quando mais fundo elas vão, mais umidade encontram. Isso obedece às leis da natureza e demonstra a sabedoria de Wakan tanka. As plantas foram criadas por Wakan tanka e cumprem suas ordens, ficando acima do sol e a parte que depende do sol e da chuva, e embaixo as raízes em busca da umidade de que precisam. Wakan tanka ensinou aos animais e às plantas o que devem fazer. Ensinou os pássaros a fazerem ninhos, embora nem todos os ninhos sejam iguais. Wakan tanka deu-lhes apenas um modelo. Alguns fazem o ninho melhor do que os outros. Do mesmo modo há animais que se contentam com moradas rudimentares, enquanto outros buscam lugares atrativos para viver. Alguns animais também cuidam melhor de sua prole do que outros. A floresta é a casa de muitos pássaros e outros animais, a água é a casa dos peixes e dos répteis. Os pássaros, inclusive os da mesma espécie, não são iguais, e isso acontece também com os animais e os seres humanos. O motivo pelo qual Wakan tanka não fez dois pássaros, animais ou homem exatamente iguais é que um foi criado para ser uma individualidade independente e para contar consigo mesmo. Alguns animais vivem no solo. As pedras e os minerais também foram postos no solo por Wakan tanka, uns mais expostos do que os outros. Quando um feiticeiro diz que conversa com as pedras sagradas é porque, de todas substâncias do solo, estas são as únicas que aparecem freqüentemente em sonhos e são capazes de se comunicar com os homens.

Desde minha meninice tenho observado folhas, árvores e ervas, e nunca encontrei duas iguais. Podem ter uma semelhança geral, mas num exame mais minucioso descobrem-se pequenas diferenças. As plantas pertencem a diferentes famílias... O mesmo com os animais... e com os homens. Há um lugar que se adapta melhor a cada um. As sementes das plantas são levadas pelo vento até acharem o lugar onde crescerão melhor – onde a ação do sol e a presença da umidade são mais favoráveis, podendo as sementes se enraizar e se desenvolver. Todos os seres vivos e plantas servem para alguma coisa. Certos animais realizam seu propósito através de atos definidos. Os corvos, falcões e moscas possuem algo semelhante na sua finalidade, e mesmo as cobras tem uma razão de existir. No passado os animais provavelmente vagavam até encontrarem um lugar adequado. Um animal depende em grande parte das condições naturais em que vive. Se o búfalo estivesse hoje aqui, seria diferente do búfalo de outrora, porque todas as condições naturais se modificaram. Não encontraria a mesma comida nem o mesmo ambiente. Vemos a mudança em nossos pôneis. Antigamente podiam suportar grandes fadigas e viagens de longo curso sem água. Comiam certo tipo de alimento e bebiam água pura. Agora nossos cavalos precisam de alimento misturado, tem menor resistência e exigem constante cuidado. O mesmo se passa com os índios: são menos livres e vítimas fáceis das doenças. Antigamente eram robustos e saudáveis, bebiam água pura e comiam carne de búfalo, que havia em abundância, antes dos rebanhos começarem a ser dizimados. As águas do Missouri não são mais puras como eram e muitos dos riachos já não servem para beber.

O homem deveria desejar o genuíno e não o artificial. No passado não havia essa mistura de substâncias minerais para fabricar as tintas. Havia apenas três cores de substâncias nativas – vermelho branco e preto. Elas podiam ser obtidas apenas em certos lugares. Quando desejavam outras cores, os índios misturavam extratos de plantas, mas sabia-se que essas cores se apagavam e só se conservariam se o vermelho fosse genuíno – o vermelho feito da argila queimada. (apud McLuhan, 1994)

A noção de ecologia proposta pelo olhar do velho índio sobre a diversidade biológica, a ciência das diferenças entre os organismos (mesmo os da mesma espécie, tanto física como psicológicas), junto a uma tentativa de compreender cada sistema natural, não como uma mercadoria, mas como parte de nossa casa, transforma as palavras do nativo americano em ensinamentos sinceros e singulares sobre a natureza. Mais que simples sustento, a natureza é a essência do homem, pois abriga os ossos de seus antepassados e a semente das futuras gerações.

Ele não sabe como, mas sabe da influência da luz do sol sobre as plantas, acredita na força de uma inteligência superior que se manifesta no impulso das raízes em busca da umidade subterrânea, e em outras sutilezas da engenharia natural. Para este homem americano, que representa uma cultura esmagada, cada ser foi criado para contar consigo mesmo, sendo independente e, consequentemente, livre. Isso não implica e culmina em uma civilização chegada a barbáries contra todos que se colocam contra suas vontades, mas Homens cientes de sua importância como indivíduos dentro de uma coletividade, respeitando a liberdade tanto do próximo como de todo o mundo vivo do qual depende. As diferenças fazem parte da inteligência do Deus indígena e, assim, devem ser consideradas diferenças que complementam e constroem o todo.

A biodiversidade para o índio não fazia parte de um mundo bestial e ininteligível, era sim a extensão do seu lar. Se encontrasse algo de desconhecido no mundo natural, a estranheza não levaria um índio a considerar esse algo bizarro ou fruto do submundo, pois, se é um organismo, enquadra-se no mesmo gênero vivo da espécie humana e, portanto, tem uma finalidade e razão para ser. Se esse algo for inanimado, verificamos, então, o profundo respeito com o mundo inorgânico por parte do indígena, pois tiveram a sensibilidade de observar e compreender a relação de dependência entre o mundo vivo e o não vivo. Podemos observar isso quando Okute comenta sobre a importância da chuva que sacia a sede do solo rachado, do vento que carrega as sementes das plantas, e todas as manifestações físicas e químicas do mundo, que contribuem e combinam as condições para a perpetuação da vida. Despido do preconceito de que o divino deva ser sobrenatural, os índios conseguiram enxergar a beleza no orgânico e, a despeito da filosofia do velho mundo, supunham ser o homem um ladrilho no mosaico natural, e não o autorretrato da natureza.

Segundo McLuhan, o único futuro digno para nós que vivemos na América depende de uma redescoberta do meio ambiente e precisamos restabelecer um relacionamento correto com a terra e seus recursos: de outro modo, acontecerá a destruição da natureza, e, depois desta, virá nossa própria destruição. Por gerações e gerações os índios tentaram ensinar como viver na América em estado de equilíbrio (um cristão diria: em estado de graça). Talvez agora, depois de ignorar por tanto tempo sua sabedoria, possamos aprender com esses exemplos. (1994)

Capítulo 8
Darwin Materialista

Independente de qualquer teoria em especial, o século XIX é definitivamente impregnado com a preocupação de desvendar os mistérios da organização social e ao mesmo tempo propor, seja com o anarquismo, o comunismo científico ou a democracia capitalista, uma nova ordem na lógica das relações comerciais, que evoluíram ao ponto de exigir a adaptação da sociedade Pós-Revolução Industrial. A técnica avançava a passos largos sobre todos os terrenos do conhecimento, e o método científico estava estabelecido como a chave para as portas do poder tecnológico. Os setores começam a surgir. A divisão proposta por Descartes faz aparecer uma variedade incrível de nomenclaturas para as mais diversas repartições do conhecimento científico. Fortalecida, a Geologia era explorada e seus segredos desvendados pelo geólogo escocês *sir* Charles Lyell (1797-1875), algo que macula intensamente o criacionismo cristão. Ele sugere, através de sua pesquisa, que a terra existe a muito mais tempo que imaginava a maioria dos cientistas da época e, a partir daí, cria-se o espaço necessário para que, através da comprovação via método científico, se estabelecesse uma nova possibilidade para o surgimento da vida, que não baseada em desacreditadas versões da escolástica. Desta necessidade aparecem, então, cientistas ambiciosos por finalmente elucidar com coerência racional o surgimento de tantas formas nos gêneros vivos. As descobertas paleontológicas também sugeriam novos horizontes para o estudo desta questão.

A comunidade científica reconhece atualmente, na obra de Lamarck e Darwin, a base dos postulados que dão ao conhecimento da segunda metade do século XIX uma nova possibilidade de expansão, desta vez baseado em fatos verificáveis, tanto para as ciências biológicas como para a filosofia e a antropologia. Esta nova possibilidade repousa nas descobertas destes naturalistas europeus que, juntamente com os estudos sobre a hereditariedade realizados por Mendel, traduziram uma realidade sobre a qual a humanidade deveria refletir, pois era do passado da própria espécie que falavam as novas descobertas. A biodiversidade, o mundo natural como um todo, constrói e desenvolve sua história transformista sob as condições de uma lei que não depende de nada além das pressões fornecidas pelo ambiente em geral para que se estabeleçam as propriedades morfológicas e fisiológicas que compõem cada organismo.

Se Deus existe, Darwin e os seus contemporâneos transformistas relegam sua participação na história natural ao primórdio da concepção de um organismo primitivo, o que representava uma ruptura drástica com a realidade descrita pelo criacionismo, em que o fixismo das espécies, ou a criação especial de cada design por um elemento divino, ainda permitia a participação eclesiástica nas discussões científicas, fato que cada vez mais ia perdendo o sentido ao passo que as evidências fornecidas pelo método davam uma nova posição para a igreja, mais aquém de sua antiga condição de principal fonte de conhecimento, comprometendo assim seu poder de persuasão que se perdia, junto com sua credibilidade. Essa nova paisagem que se apresentava aos olhos da humanidade a conduzia para uma nova apreciação da realidade, para a apreciação da condição do simples existir do Homem e dos seres vivos devido às forças internas da natureza.

Se as espécies vivas devem sua incrível diversidade às leis do ambiente, se a seleção natural é na verdade o elemento originador da biodiversidade e do homem, se as pressões do ambiente definem o existir dos seres vivos, essa nova realidade se apresenta ao homem exigindo uma redefinição do seu existir. Se vivemos, isso se deve a uma lei fria e não à vontade divina. Agora estamos mais próximos de produtos do acaso do que da obra de Deus.

Figura 9. *Charles Darwin*, retrato de Julia Margaret Cameron.

Charles Darwin é, sem dúvida, o representante legítimo desta revolução. Nasceu na Inglaterra em 1809 d. C. e faleceu em 1882 d. C. Realizou uma pesquisa profunda para validar sua teoria para a origem das espécies através da seleção natural, num dos mais rigorosos exemplos de utilização do método científico, e, como legado, deixa uma extensa obra que lhe rende a fama de um dos mais importantes cientistas de seu período, cujas ideias influenciaram inegavelmente a atualidade. A teoria não explicava tudo, mas se fazia compreender em sua ideia principal que era postular uma nova origem para as espécies, baseada na descrição de leis que se impõem racionalmente sobre a participação do divino em nossas vidas.

Na conclusão de sua obra *A origem das espécies* podemos encontrar alguns elementos que contribuem para a reflexão acerca do peso de sua teoria como nova perspectiva da realidade para os homens:

> É interessante contemplar uma ribeira exuberante, atapetada com numerosas plantas pertencentes a numerosas espécies, abrigando aves que cantam nos galhos, insetos variados que saltitam aqui e acolá, vermes que rastejam na terra úmida, se se pensar que essas formas tão admiravelmente construídas, tão diferentemente conformadas, e dependentes umas das outras de uma maneira tão complicada, foram todas produzidas por leis que atuam em nosso redor. Estas leis, tomadas no seu

sentido mais amplo, são: - a lei do crescimento e da reprodução; a lei da hereditariedade de que implica a lei da reprodução; a lei da variabilidade, resultante da ação direta e indireta das condições de vida, do uso e não-uso; a lei da multiplicação das espécies em razão bastante elevada para provocar a luta pela sobrevivência, que tem como conseqüência a seleção natural, que determina a divergência de caracteres, a extinção de formas menos aperfeiçoadas. O resultado direto desta guerra da natureza que se traduz pela fome e pela morte, é, pois, o fato mais notável que podemos conceber, a saber: a produção de animais superiores. Não há uma verdadeira grandeza nesta forma de considerar a vida, com os seus poderes diversos atribuídos primitivamente pelo criador a um pequeno número de formas ou mesmo a uma só; E, enquanto o nosso planeta, obedecendo à lei fixa da gravitação, continua a girar na sua órbita, uma quantidade infinita de belas e admiráveis formas, originadas de um começo tão simples, não cessou de se desenvolver e desenvolve-se ainda![21]

Darwin chama nossa atenção para a beleza da perspectiva materialista sobre a natureza, que caracteriza a lei da seleção natural. A admiração do Homem pelo mundo natural, propõe Darwin, deve se ater agora não mais à criatividade e engenho de Deus na produção das criaturas, mas na engenhosidade que as leis da natureza implicam, pululando o planeta com as mais incríveis formas de vida, que nada mais são que produtos da competição.

Estas leis que regulam as manifestações da vida na terra são descritas pelo naturalista, que resume pela fome e pela morte a ascensão das formas de vida a níveis cada vez maiores de organização. A produção de animais superiores é o propósito que Darwin abstrai de sua teoria, e isso mantém a posição superior do homem sobre os outros seres, e essa associação se permite fazer imediatamente, quando falamos em evolução, termo que precede as descobertas da seleção natural.

A multiplicação das espécies estabelece um cenário de competição pelo alimento. A vida toma um infame sentido, o de comer,

---

21. Darwin, 2004, p. 509.

não ser comido e reproduzir. A seleção é impessoal e irredutível em suas consequências sobre os seres vivos, permitindo ao Homem recolocar sua posição e papel no meio ambiente, pois, ao contrário de ser colocado deliberadamente por Deus para arrazoar sua obra, o homem, como espécie, ascende à posição de superioridade em uma escalada evolutiva, contra os frios obstáculos de um mundo que se diversifica e consolida na competição por recursos. O objetivo destas últimas observações de Darwin na obra *A Origem das Espécies* é considerar sua teoria como uma nova possibilidade de se interpretar a diversidade biológica, desta vez não por uma tradição teísta, mas pela realidade imediata que produz o conjunto de fatores que atuam nos ecossistemas. A história dos seres vivos, inclusive do homem, apesar de Charles Darwin não fazer menção a nenhum tipo de relação simiesca com o passado da humanidade, passa a depender, na ideia do naturalista, da sutil manifestação da vida que formou o primeiro organismo primitivo. E este assunto, polêmico para o antropocentrismo vigente, fez doer os calos dos doutos que creditavam a concepção do homem a um *insight* de Deus.

Sobre a redefinição da existência do homem, muito a teoria da seleção natural contribui para calorosas discussões entre os defensores do fixismo criacionista e os partidários do transformismo, que figurava fortalecido pelas teorias de Lamarck e Charles Darwin.

A título de ilustrar a polêmica gerada sobre as especulações de nosso passado primata, se faz interessante conhecer um célebre debate público entre um partidário de Darwin e um bispo da igreja anglicana. A propósito de uma conferência, onde se pronunciou o bispo Samuel Wilberforce com o objetivo declarado de "arrasar Darwin", estando presente à reunião o iminente zoólogo Henry Huxley (1825-1895), conhecido como buldogue de Darwin, fizera esses apartes, refutando algumas das afirmações "científicas" do bispo a respeito do cérebro de homens e macacos, ao que o bispo de pronto investe sobre o interlocutor perguntando-lhe: "Sr. Huxley, eu gostaria de saber: é pelo lado de seu avô ou de sua avó que o senhor descende dos macacos?"

Huxley não o deixou sem resposta e em seu revide ele exprimia a fé, não mais na autoridade atemporal da igreja, mas na autoridade do raciocínio que foge da inquietante falta de esclarecimentos da religião. O buldogue de Darwin assim se dirige ao santo homem, o bispo de Wilberforce:-Reverendo, o homem não tem motivos para se envergonhar de ter um símio por antepassado. Mas se há um antepassado do qual eu teria vergonha de descender, seria, antes, um *homem*; um homem de intelecto ágil e versátil, que, não contente com o sucesso em sua própria esfera de atividade, se insinua em questões científicas que realmente não conhece, apenas para obscurecê-las com uma retórica sem finalidade, e distrair a atenção dos ouvintes do verdadeiro ponto em questão por meio de digressões eloquentes e apelos hábeis ao preconceito religioso (Branco, 1994). A ampliação das fronteiras do conhecimento científico e filosófico, promovida pela obra de Darwin e os pensadores que consideraram a evolução, permitiu uma releitura da natureza. O avanço no entendimento das relações interespecíficas nos sistemas vivos seduz o olhar e o conhecimento humano para uma nova faceta da vida. A superioridade que está implícita no termo *evolução* é tomada pela sociedade que assimilava a novidade do surpreendente poder da natureza, que ainda hoje é visto com rancor pelos setores "atemporais" do teísmo.

Esse pensamento evolucionista que Darwin ajudou a trazer à tona para as ciências, apesar de sua aceitação não ser total, fundamentou e deu aparato para toda concepção moderna de biodiversidade que, juntamente com outros paradigmas clássicos ou contemporâneos, modulam nossa percepção, nosso envolvimento com o mundo natural. Esse envolvimento com o meio ambiente se traduz na crise da biodiversidade.

Capítulo Final

A Ilimitada Natureza Contemporânea

A história nos dá alguns termos para construirmos nossa realidade. A alquimia do pensamento moderno deve ser investigada para se apontar esses termos, já que se vive uma crise que ameaça a essência da história, a humanidade. Pode parecer muita pretensão crer ser dos homens e mulheres a essência da história, mas, afinal, fomos nós que criamos a palavra!

Negligenciar as influências do pensamento filosófico sobre essa crise seria entrar em acordo com a dilapidação do provedor natural de nossa existência simplesmente por descaso ou desinteresse pelo que foi o berço filosófico de onde se nutriram os conceitos que hoje temos por verdadeiros.

Se atualmente existe a necessidade de nos unirmos em esforços para uma vanguarda em favor da diversidade biológica, ameaçada com a pressão "desenvolvimentista"; se nos comovemos com as consequências da ação do homem sobre essa diversidade em um círculo vicioso de egoísmo a despeito da vida alheia; como podemos deixar às escuras considerações dos pensadores das mais diversas épocas que, de alguma maneira, modularam o olhar do homem sobre a natureza que agora, atacada, agoniza sob nossa responsabilidade?

O progressivo comprometimento na qualidade dos habitats e o declínio do patrimônio biológico através das extinções provocadas pelo estilo de vida da sociedade de consumo são ações que estão intimamente ligadas à moral que guia as realizações dessa sociedade. Vimos no transcorrer da pesquisa como o desenrolar do pensamento da civilização ocidental cravejou com seus princípios a ética do contemporâneo e sua relação com a natureza. Porém, também entendemos que a verdade e a razão partem da interpretação da realidade feita por um intelecto singular, não tendo, quanto a isso, os mesmo princípios de outrem, assim firmando a necessidade de uma meditação acerca da ação desses intelectos em nosso presente.

Dentro do modelo convencional de "progresso" científico, nós começamos numa superstição ignorante e caminhamos em direção à verdade final através de uma acumulação sucessiva de fatos. As mudanças que ocorrem nas teorias não são simplesmente resultados derivados de novas descobertas, mas um trabalho de imaginação criativa influenciado por forças contemporâneas sociais e políticas. A ciência não é uma busca desalmada por informações objetivas.[22]

A verdade, sobre a natureza, se esconde sob a forma e o significado do mundo.

Somos pequenos para cobiçarmos reduzir suas leis burocraticamente para que a compreendamos. Mas com olhos nos exemplos presentes podemos distinguir, ao menos, alguns de nossos erros do passado para que a humanidade se eleve agora, não como um poderoso tirano sobre o mundo, mas por sua consciência dessa tirania potencial e pelo potencial crítico que permite ponderar os conceitos que avalizam essa atitude e podem fazê-la emergir.

O norte-americano Stephen Jay Gould, ilustre e controverso pesquisador do século XX, expressa muito bem a prepotência antropocêntrica de confiar à razão materialista a tarefa de verificar verdades absolutas, quando a natureza tem ditames mais sutis que nossa sensibilidade pode descobrir nos dados de uma tabela:

> Aristóteles dizia que a maior parte das grandes polêmicas são resolvidas na áurea *mediocritas* – na mediocridade dourada. A natureza é tão complexa e variada que praticamente quase tudo o que é possível nela acontece. Aqueles que querem respostas nítidas, definidas e globais para os problemas da vida, devem procurá-las em outros domínios que não a natureza. Duvido mesmo que uma busca honesta revele as respostas, seja lá onde for. Podemos resolver com segurança pequenas questões (sei, por exemplo, por que o mundo nunca verá uma formiga de 25 pés de comprimento). Saímo-nos razoavelmente bem com questões de porte médio (duvido

---

22. Gould, 1999.

que o lamarckismo volte à baila com uma teoria viável sobre evolução). Mas as questões realmente importantes sucumbem diante da riqueza da natureza – a mudança pode ser dirigida ou não ter qualquer objetivo, gradual ou cataclísmico, seletivo ou neutro. Hei de celebrar a múltipla variedade da natureza e deixar a quimera da certeza para os políticos e os pregadores.[23]

Talvez as próprias leis da natureza tenham levado o homem a estabelecer a realidade atual, mas são essas mesmas leis que agora exigem do Homem uma revolução no seu modo de viver e em sua sapiência. Temos a oportunidade e a responsabilidade de avaliar nossa conduta, para que, através das gerações vindouras, estabeleçamos uma nova relação com o mundo natural. A necessidade de identificar as influências do pensamento filosófico sobre o pensamento e comportamento atual esta associada à capacidade de distinção entre certo e errado em cada ser humano. Essa noção de certo e errado é o que guia as atitudes da sociedade, e essas atitudes são as que se refletem imediatamente em nosso meio ambiente.

Não podemos limitar o conhecimento à técnica de apertar parafusos ou manejar florestas. Administrar e corrigir as ações antrópicas no ambiente natural compreende também o ato da reflexão.

A reflexão profunda e pessoal sobre a natureza e seu sentido em nossas vidas é fundamental, mas não implica em uma definição final de seu significado, pois a mudança, na natureza, por mais sutil que seja, é sinônimo de uma busca pelo aperfeiçoamento, evolução independente de seres humanos, chimpanzés ou bactérias. O impulso básico da natureza e, consequentemente, da humanidade, parece estar na transformação do significado e da forma. Uma transformação que pode estar no silêncio do núcleo de uma célula ou no barulho ardente de uma revolução.

---

23. Gould, 1999, p. 360.

Referências

AQUINO, T; et al. *Seleção de textos*: Os pensadores. Tradução de Baraúna L. J. et al. 2. ed. São Paulo: Abril Cultural, 1979.

AVILA-PIRES, F. D. *Fundamentos históricos da ecologia*. Ribeirão Preto: Holos Editora, 1999.

BERGMEN, G. *Filosofia de Banheiro*: sabedoria dos maiores pensadores mundiais para o dia-a-dia. São Paulo: Madras, 2004.

BRANCO, S. M. *Evolução das espécies*: o pensamento científico, religioso e filosófico. São Paulo: Moderna, 1994.

BULFINCH, T. *O Livro de Ouro da Mitologia*: história de deuses e heróis. Tradução de David Jardim Jr. Rio de Janeiro: Ediouro, 2002.

CORBISIER, R. *Introdução à Filosofia, tomo II*. Rio de Janeiro: Civilização Brasileira, 1994.

DARWIN, C. *A Origem das Espécies*. Rio de Janeiro: Ediouro Publicações, 2004.

DESCARTES, R. *Discurso do Método; Meditações; Objeções e respostas; As paixões da alma; Cartas.* Introdução de Gilles-Gaston Granger, prefácio e notas de Gerard Lebrun, Tradução de J. Guinsburg e Beto Prado Jr. 2. ed. São Paulo: Abril Cultural, 1979.

GOULD, S. J. *Darwin e os grandes enigmas da vida*. Tradução de Maria Elizabeth Martinez. 2. ed. São Paulo: Martins Fontes, 1999.

GRÜN, M. Ética e Educação Ambiental - A conexão necessária. 11. ed. Campinas: Papirus, 2007.

LACAZ-RUIZ, R. *A Biodiversidade e a Pluralidade* – Notas sobre um texto de Tomás de Aquino. VIDETUR – 3. Disponível em:

<http://www.hottopos.com/videtur3/a_biodiversidade_e_a_pluralidade.htm>. Acesso em: 27 jun. 2007.

MCLUHAN, T. C. *Pés nus sobre a terra sagrada.* 2. ed. Porto Alegre: L&PM, 1994.

PAPAVERO, N; et al. *História de la Biologia Comparada.* 1. ed. Ciudad de Mexico: Unam Iztacala, 1995.

PAULO, M. N. *Indagação sobre a imortalidade da alma em Platão.* Porto Alegre: EDIPUCRS, 1996.

PIRSIG, R. M. *Lil*a – Uma investigação sobre a moral. Rio de Janeiro: Rocco, 1993.

SOREL, Reynal. *As Cosmogonias Gregas.* Portugal: Europa-América, 1996.

STRATHERN, P. *Descartes (1596-1650) em 90 minutos.* Tradução de Maria Helena Geordane, consultoria de Danilo Marcondes. Rio de Janeiro: Jorge Zahar Editor, 1997.

WILSON, E. O. (org.). *Biodiversidade.* Rio de Janeiro: Editora Nova Fronteira, 1997.

Conselho Editorial

Andrea Domingues
Benedita Cássia Sant'anna
Carlos Bauer
Cristianne Famer Rocha
Fábio Régio Bento
José Ricardo Caetano Costa
Luiz Fernando Gomes
Milena Fernandes Oliveira
Romualdo Dias
Thelma Lessa
Victor Hugo Veppo Burgardt

Paco Editorial
Av. Carlos Salles Block, 658
Ed. Altos do Anhangabaú, 2º Andar, Sala 21
Anhangabaú - Jundiaí-SP - 13208-100
11 4521-6315 | 2449-0740
contato@editorialpaco.com.br

Título	A Evolução do Pensamento Frente à Percepção da Natureza
Autores	Emiliano Utermohl de Queiroz
Coordenação Editorial	Kátia Ayache
Capa	Luis Antonio T. Faraoni
Projeto Gráfico	André Fonseca
Preparação	Nara Dias
Revisão	Isabella Pacheco
Formato	14 x 21 cm
Número de Páginas	88
Tipografia	Garamond Premier Pro
Papel	Alta Alvura Alcalino 75g/m²
Impressão	Psi7
1ª Edição	Maio de 2013

Caro Leitor,

Esperamos que esta obra tenha correspondido às suas expectativas.

Compartilhe conosco suas dúvidas e sugestões escrevendo para:

autor@pacoeditorial.com.br

Compre outros títulos em

WWW.LIVRARIADAPACO.COM.BR

PACO ρ EDITORIAL

Av. Carlos Salles Block, 658
Ed. Altos do Anhangabaú, 2º Andar, Sala 21
Anhangabaú - Jundiaí-SP - 13208-100
11 4521-6315 | 2449-0740
contato@editorialpaco.com.br